אגרת הקודש

THE HOLY LETTER

A Guide to Spiritual Intimacy
Attributed to the Ramban

Published by Mosaica Press, Inc.
www.mosaicapress.com
info@mosaicapress.com

Introduction

Igeret HaKodesh, The Holy Letter, is a pure and holy treatment of the matter of intimacy and the male-female relationship. Since modesty and privacy are paramount Torah values, matters between husband and wife have been historically relegated to esoteric texts not accessible to the general population, and only to Torah scholars who take the initiative to pursue their study. As a result, many learn about intimacy from the profane secular world. The holiness that permeates the Torah view of the precious relationship of man and wife remains under wraps. The same could be said of our precious Kabbalistic teachings—for some of the same reasons. It is true that the subject matter of intimacy is inappropriate for children and that it may fall into the hands of those who might misuse it, but the views of our sages, of blessed memory, need to see the light of day. The void created by hiding the Torah view of intimacy in our time is quickly filled by the pervasive licentious media and social culture that presents all the wrong imagery and messages.

Consider a Jewish person growing up in a non-Torah environment. He is provoked by seductive imagery from the time he is aware of it, and the message given is that pleasure is to be pursued—the pursuit of 'happiness' is up there on the scale of values with liberty and life itself. At the same time, he, like Adam and Eve, is aware of the shameful, sinful aspect of intimacy. Christianity's view is that the Original Sin was intimate in nature. A superficial perusal of the Bible could lead one to believe Hashem may disapprove of physical intimacy, given the prominence of restrictions of incest, harlotry, *nida*, adultery, etc. Furthermore, marriage law appears in the context of divorce, and the positive commandment of pleasuring one's wife is hidden in the laws of the female Israelite bondservant. As a result, many will assume that intimacy is outside the bounds of our faith.

Now consider a young person growing up in a Torah environment. He is instructed to avoid contamination by the graphic nature of the surrounding general culture—but we know it happens anyway. He is guided away from Torah texts deemed inappropriate. Not only is the Rashi regarding Adam's naming of the animals expunged[1], but even high school graduates tell me they skipped the chapter of Yehuda and Tamar[2]. A proper view of intimacy is rarely presented—young men learn the 'thou shalt nots' but are not properly prepared for courtship and marriage.

This text, the Holy Letter, should be required learning for maturing Jews, and should be a leading feature of any effort to present the Torah's view of intimacy to the uninitiated.

---

1   Gen.2:18-20
2   II Samuel 13

Authorship

Extant manuscripts that form the basis of our versions of the Holy Letter contain no reference to the author, but tradition avers that it is Rabbenu Moshe ben Nachman, of Gerona, in Aragon, Spain, known as the Ramban [1194-1272]. Seventy years after his death, the work was included in Yisrael Alnakava's Menorat Hamaor, attributed to the Ramban.

This attribution is problematic, as *Igeret HaKodesh* is discordant with Ramban's other writings in both style and content. Ramban was the Torah leader of his time, a period of the emergence of Kabbala. He gathered the greatest scholars of Spain and Provence, including Rabbenu Bachya, Rabbenu Yona, Rashba and Rabbenu Menachem Recanati to his *kollel* in Gerona, but unlike the Holy Letter, his writings are not openly Kabbalistic. In his commentary on the Torah, he occasionally quotes a difficult Zohar, without explanation, and cryptically notes, "He who understands will understand." This contrasts sharply with the Kabbalistic style of the Holy Letter.

Rabbi Dr. Charles Chavell, of blessed memory, the preeminent scholar of the works of the Ramban, collected, translated, annotated and published many of the Ramban's works in Hebrew and English. In the second volume of the Hebrew edition of *Kitvei HaRamban* [Mossad Harav Kook, Jerusalem, 1964], the *Igeret HaKodesh* appears, meticulously edited and sourced from several manuscripts. The introduction discusses the authorship at length and concludes it is unlikely that Ramban wrote it. For example, the main thesis of the text, that intimacy is noble and holy, is contradicted explicitly in Ramban's commentary on Lev. 18:10.

Another line of evidence suggests who the true author might be. Rabbenu Menachem Recanati, Kabbalist and student of Ramban, brings word for word a large segment of the Holy Letter in his commentary on Deut 24:5 without attribution. Elsewhere he is careful to credit his teacher when the latter's work is cited, and Chavell shows that Recanati's unattributed comments are always his own.

The Holy Letter

May Hashem bless you and keep you
My brother who is like my soul

That you care to investigate the ways
Whence to know the fear of Hashem

And to go in the way of the illuminating light
Across from the pure Menora

To be saved from the dark path
That causes the blind to stumble

Those who never saw
The lights of warning.

Now you ask me to teach you the way
By which a person could fulfill his needs

That all would be for the sake of heaven
Regarding intimacy between man and his wife

In order to merit sons worthy of teaching Torah
Fit to receive the yoke of the Kingdom of Heaven.

And as I see your thoughts proceeding
To the true path

I will want to open for you
The gates of righteousness in the matter

In order that you reach your proper intent
In the faithful Torah of Hashem.

> To quickly fulfill your request
> That a table be set before you
>
> I will arrange the matter in six chapters
> Corresponding to the six branches of the Menora.

MDK: The author introduces the work in the style of Spanish poets. He addresses a beloved student who is troubled by what he has learned; that intimacy is fraught with sin and danger. Perhaps the student anticipates a forthcoming marriage. The set table is a veiled reference to Halacha, and the darkness is man's lack of awareness that leads him to stumble until his way is enlightened by the Menora, symbolizing the supernal light of the holy Torah.

Foreword

Know and understand, The Nation of Israel is separate, lofty, and unique for Hashem, may He be blessed; as the prophet said[1] , "I created this nation for Myself, that they should tell My praise."[1] When we say[2], "…You are One and Your Name is One…and who is like Your nation, Israel, a singular people on earth…"—what we are saying is that He has separated us out to be uniquely His for His *kavod* [goodness, glory], as He said[3],"…and I will separate you from the nations to be Mine." Servants conduct themselves according to the conduct they see in their masters. Hashem is our Master and we are His servants, and He Who is the ultimate in holiness has commanded us to be holy—as He is Holy[4].

Furthermore, when we are told[5] "…and you should walk in His ways", the rabbis have explained[6], "Be holy in the way He is holy, be freely giving in the way He is freely giving, etc." If so, Israel needs to be firmly grounded in His fundamental principles in order that they resemble Him in all their deeds, as Hashem said[7], "…and you should make yourselves holy and be holy—for I am Holy."

---

1   Isai.43:21
2   II Sam. 7:22-23; Shabbat Mincha Amida
3   Lev. 20:26
4   Lev. 19:2
5   Deut. 28:9
6   Shab. 133b
7   Lev.11:45

If this is done, it will be found that whenever we do the good and the honest thing we will sanctify His great Name, as it is said[8], "For which is a great nation that has a God Who is close to it...and which great nation has righteous decrees and ordinances such as this entire Torah...?" We are constantly being compared to our Creator. Likewise, whenever we conduct ourselves improperly and our deeds are corrupted, we profane the Name of Heaven. On this the rabbis said[9], "If a person reads and learns Torah and conducts his business matters pleasantly in the marketplace, about him it is said[10], '"You are My servant, Israel in whom I will be glorified.'" But whenever a person reads and learns Torah and his business affairs are improper, what do people say about him? 'Did you see so and so the Torah scholar; how corrupt are his ways?' About him the prophet says[11], "...This is the nation of God, and from His Land they departed," and the Name of Heaven is profaned. The sanctification of His exalted name—or its profanation—depends on our deeds.

The physical makeup of man and his nature cause him to be good or bad. The formation of his disposition follows his genetic makeup, a consequence of the drop of semen from which he came into being. The intimate act of a man and his wife will cause the sanctification or profanation of Hashem through the children that will be born. He commanded us and warned us, and said we must make ourselves holy at the time of intimacy, as it is written[12], "And you shall separate the children of Israel against their impurity..." This is the reason for the birth of righteous children who sanctify the Name of Heaven or evildoers who profane the Name of Heaven. Therefore, you will need to know what the rabbis said a person must do to make himself holy during the intimate act and what is the nature of this holiness. I have divided it into five parts:

1. The Nature of the Intimate Act
2. The Timing of the Intimate Act

---

8   Deut. 4:7-8
9   Yoma 86a
10   Isai.49:3
11   Ezek. 36:20
12   Lev. 15:31

3. Food and the Intimate Act
4. Intent and the Intimate Act
5. The Quality of the Intimate Act

MDK: The author sets the stage in the first paragraph, relating—in Hashem's words to Isaiah—the purpose for which the world was and is being created. The 611ᵗʰ commandment, to emulate Hashem, is the theme of all human activity, because all of it has the potential to sanctify or profane Hashem's Name. Certainly this principle applies to matters of intimacy. The act of intimacy is a particularly sensitive moment, affecting the next and future generations, and it must be performed with holiness. How to achieve this holiness must be learned, the way all Torah matters are learned- through the words of the sages.

The Nature of the Intimate Act

Intimacy can be carried out in one of two ways. One is a matter of holiness and dignity, done in an appropriate way, at a proper time, with proper intent. Do not think there is disgrace or ugliness, in proper intimacy, God forbid. Intimacy is called, for good reason, *yedia*, knowledge, as in[1], "And Elkana knew his wife Chana".[II] The secret is that the drop of seed drawn in holiness and purity from the place of knowledge and understanding which is the brain. If intimacy were not such a great and holy matter it would not be called *yedia*. It is not like Rabbi Moshe ben Maimon, of blessed memory, held in the Guide to the Perplexed, when he praised Aristotle for saying that the sense of touch and associated urges like eating, drinking and intimacy are shameful to us. It cannot be as the Greek said—a saying that smacks of apostasy for someone who believes that the world is continually renewed with Hashem's intent.

We children of the possessors of the holy Torah believe that Hashem, may He be blessed, created everything according to the decree of His wisdom, and He did not create anything ugly or disgraceful. If intimacy is disgraceful, then the reproductive organs are also. He created them,

---

1   I Sam. 1:19

as the Torah says[2], "He made you and fashioned you" in form as well as function. When King Shlomo said[3], "...What can man do who, comes after the King? It has already been done." Midrash explains[4] that Hashem and His Heavenly Court decided on each and every organ and established its function. If these organs were shameful, how could Hashem have created them? If it were found that His actions are not perfect, the master of prophets [Moshe] would not proclaim[5], "the *Tzur* [Creator, Rock], perfect are His actions...," and[6] "And Elohim saw all that He had made and behold! It was very good." In reality, the matter is as the prophet said[7], that Hashem is "...too pure to see evil..."- there is no corruption or disgrace before Him, and He created man and woman and all their organs fashioned according to their function. The clear evidence is that Adam and Chava were naked, yet not ashamed[8]. Before the sin they engaged in ideas, and all their intent was for the sake of Heaven, and their reproductive organs to them were like eyes or hands or any other organ. But when they deviated toward physical pleasure and did not intend their actions to be for the sake of Heaven by partaking of the fruit of the Tree of Knowledge, "Then...they realized that they were naked..."[9].

When the hand writes a Torah scroll, it is honored, praiseworthy and lofty, but when it steals, it is the opposite. Similarly the reproductive organs, when they do good they are praiseworthy, but when they do evil they are shameful and ugly. Thus it occurs that the ways of Hashem are just and pure and dignified. Whatever ugliness occurs is derived from the aspect of man's actions. [King] Shlomo said[10], "...God made man simple, but they have sought many intrigues." That is to say all

2   Deut. 32:6
3   Eccl. 2:12
4   Kohelet Rabati, 2:14
5   Deut. 32:4
6   Gen. 1:31
7   Hab. 1:13
8   Gen. 2:25
9   Gen. 3:7
10   Eccl. 7:29

human organs are perfect, having been created with supernal wisdom, but man's sin renders them impure and ugly.

Man's secret is wisdom [*chochma*] and woman's secret is understanding [*tevuna*] and their pure *chibur* [union, connection, act of intimacy] is the secret of *daat* [knowledge, awareness] This is the secret of man and woman in the ways of Kabbala. *Chibur*[III] is a most lofty matter when carried out properly. Guard carefully this secret—do not reveal it to anyone unworthy—the secret[11] of [King] Shlomo's Cherubim[IV]. When the Ammonites entered the Holy of Holies, they said, "Look who the gods of these people are!", and they shamed and blasphemed on account of the Cherubim[12]. If you would understand the secret of the Cherubim, and the Voice that was heard from between them, you would know the saying of our rabbis, of blessed memory, that at the moment a man and his wife are intimate, the Divine Presence resides between them. The name for man, *ish*, contains a *yud*, and the name for woman, *isha*, contains a *heh*, and when they unite in purity and holiness, they form a union of *yud heh*, the Unity of God. And when God is absent from between them, the result is *aish* and *aish*, fire and fire[13].[V]

This was the secret the rabbis intended when they said[14] there are three partners in man—his father, his mother, and Hashem above. Furthermore, they said[15] when a person honors his mother and father, Hashem considers it as though He dwells between them and He Himself is honored. If this intimate embrace is shameful in any way, how can He be found there? Hashem is involved in the mating /conception process as we see from Avraham, whom He told[16], "I will bless her, and I will give, from her, a son to you..." Regarding Rivka[17]...Hashem let Himself be entreated by him [Yaakov] and Rivka, his wife, conceived." Regarding

---

11   I Kings 7:36
12   Yoma 54b
13   Sota 17a
14   Nida 31a
15   Pes. 30b
16   Gen. 17:16
17   ibid 25:21

Leah and Rachel[18] "...and He opened her womb," and regarding Chana[19], "And Elkana knew his wife Chana...and Hashem remembered her." The Torah tells us[20], "There will not be miscarriage and barrenness in your land..." and the rabbis said[21]. "Three keys were not given to any intermediary" one of these is [the key of] conception. If this would be in any way deprecatory, why is Hashem Himself taking care of it? When Yehuda turns toward Tamar[22], the Midrash notes[23] that Yehuda wanted to pass her by. Hashem prepared an angel designated for desire to inform him of Hashem's intent and wish for his *chibur* with her. As a result of the intent of the two of them to fulfill Hashem's will, twins were born, both righteous, both pure, comparable to sun and moon—Peretz and Zarach. When righteous people unite, it is said of the product of their *chibur*[24], "Before I formed you in the womb, I knew you."

The proper union of a man and his wife is comparable to Creation of heaven and earth, as the prophet declares[25], "Thus says the Lord of Hosts[VI], Who stretched the heavens, and founds the earth, and creates the spirit of man inside him." Furthermore[26], "...and founded His group upon the earth", meaning He and the parents constitute a group for purposes of creating man. That is the secret of "...Let us make man in Our image..."[27]. This partnership results from the mother and father contributing the bodily order[VII] and Hashem casting into it the soul, as the Torah says[28], "...And He blew into his nostrils the living soul..." The reversal of this creative process is described by [King] Shlomo[29], "Thus will return the dust to the earth as it had been, and the spirit will

18   Gen. 29:31 and 30:22
19   I Sam. 1:19
20   Ex. 23:26
21   Taan. 2a
22   Gen. 38:16
23   Bereshit Rabba ad loc.]
24   Jer. 1:4
25   Zech. 12:1
26   Amos 9:6
27   Gen. 1:26
28   Gen.2:7
29   Eccl. 12:7

return to the God Who gave it." If Hashem Himself, in His Glory and His Essence, participates in human conception, it is clear that *chibur* of man and wife is proper and pure, the secret of the building of the world.

Now that I have awakened you to one kind of intimacy, I will enlighten and inform you of the second kind, the opposite of the first. When a person does not intend it for the Name of Heaven, that seed is a putrid drop that Hashem has no part in, [called "the corruption of man's way on earth, the planting of *ashera* [tree of idolatry], fattening of calves for strange worship"[30], in that it is the planting of corrupted seed.] The resultant offspring are evildoers cast from the womb. Therefore Hashem tells us[31] "Be holy for Me, for I, Hashem, am holy."

MDK: The author cites the Rambam text in the Guide for the Perplexed, and instead of attacking the Torah giant, he attacks his mentor, the Greek. This quote may have been the source of the beloved student's distress. Rambam was apparently impressed with Greek wisdom and Greek medicine and sought to synthesize contemporary wisdom with Torah. The author proves from scriptural and rabbinic sources his error in seeing disgrace in intimacy. The most impressive proof of the holiness of intimacy is the Cherubim in the holiest place in the holy of holies where the Shechina resides—They are depicted as embracing like a man and a woman. Chibur is the essence of holiness.

---

30   Gen. 38:9
31   Lev. 20:26

The Timing of the Intimate Act

Hashem, may He be blessed, said in the Torah with respect to marital obligations[1], "...he shall not diminish her food, her clothing, or her *onah* [satisfaction of her intimate needs]." The latter is defined in the Talmud[2] according to occupation: sailor once in three months, camel driver once a month, Torah scholar every Shabbat evening. When the Psalmist says[3] "...that will give forth its fruit in its time...", he is referring to the *onah* of a Torah scholar.

It is known that a man's seed is actually his bodily life force and the luminescence of his shine, for it is the clarified and purified blood: otherwise, the *tzura* [form[VIII], spiritual essence] would not be imprinted there. The seed is itself a part of the body, yet it has in potential[IX] portions of every organ, for it is known that an eye cannot give rise to an ear and vice versa, for organs give rise to organs like themselves, just as wheat does not reproduce as beans, and a donkey does not reproduce as a sheep or an ox. Each organ and each tissue has a specific nature and a specific precursor from which it develops in the seed. Such a complex vital bodily part of a man should not be continually spent inside his wife as is the case with roosters, for then his power would weaken and the illumination

---

1   Ex. 21:10
2   Ket. 61b
3   Ps. 1:3

15

of his eyes would diminish, and all his bodily parts would deteriorate. But if his intimate activity is carried out at known specific intervals, like Sabbath night to Sabbath night, he will be able to provide energy beyond himself, and lack nothing, for during the seven day interval he has been energized. This is what the Psalmist means "…that will give forth fruit in its proper time…"[4]); from Sabbath night to Sabbath night, "…and its leaves shall not wither…"[5]; his heavenly intentioned intimate act will successfully be concluded [*gmar*], "…and everything he does will succeed."[6]

Why Sabbath night? Sabbath is the Secret of the World, a model of the World of Souls, and the rabbis intended the *onah* of Torah scholars to occur on Sabbath, that their direction be toward the spiritual soul, to conceive a *tzura* fitting to serve Hashem, possessor of a pure and lofty spiritual soul. The Torah tells us[7], "…and on the seventh day He ceased work and rested [*vayinafash*]" refers to the *onah* of Torah scholars. The fitting time for this is not the work days, which are body related, but rather the day of Sabbath and restfulness, the World of Souls.

Once you have been awakened to this, we can return to what we intended to clarify, the three aspects of the timing of *chibur*. The first is the day of the week, which has been discussed. The second is the temporal relationship between *chibur* and eating, and the third is the proper hour. After a person eats, there are three stages of digestion, then in the fourth stage the food is converted to either white blood [chyle], that sustains the body, or semen. If a person engages in intercourse too soon after eating, his blood is not clear and pure, and his nature is heated. At that moment, the semen extracted from this blood is corrupted, spoiled and unclean, and the offspring that is founded from that seed is likewise corrupted and unclean, about which it is said[8], "He conceives mischief…and brings forth falsehood" and[9] "The wicked are cast the from the womb…" Therefore, a person must direct

---

4   ibid.
5   ibid.
6   ibid.
7   Ex. 31:17
8   Ps. 7:15
9   Ps. 58:4

the timing of intimacy that it be a time when he is comfortable with himself [*nafsho myushevet alav*], and the bodily nature is quieted down from the roiling of the food he ate, and the blood is cleared, and the sediment has settled to its natural place, and the fundamentals of the body are in proper order, which is approximately after midnight.

In the Talmud[10], Abba Binyamin says, "I worried all my life…that my bed be oriented north/south." And Rabbi Yitzchak said "If one's bed is oriented north/south, one will have male children, as it is written[11], '…with *tzafoncha* [your hidden treasure i.e. north], You fill their belly, they are sated with sons…'" Rav Nachman bar Yitzchak said "One's wife will not suffer miscarriage, as "fill" occurs in this verse, and the Torah says, 'her days were filled to give birth.'"

I must tell you what this is about. No fool in the world would think that the orientation of a bed can influence having sons or not having miscarriages, ever more so these great rabbis, pillars of the world. They are hiding their words in hints, as is their custom. It is well known that strong cold comes from the north and great heat from the south, and such extremes are not good and proper, rather the moderate characteristics are the choice ones. On this King Shlomo said[12], "Be not too righteous or too wise…" Here the sages are saying that when it comes to intimate relations, do not be too hot or too cold. Rather, have your bodily temperament in between, so as to have one's nature in a comfortable state and not lose control over one's seed. Indeed, she should heat up and 'give seed' first, so that her seed is the material on which his seed gives form.[X] This is the secret behind[13] "…if a woman gives seed and has a male child…" on which the sages said[14] that on account of the righteous waiting at the womb, they are rewarded with male offspring, as King David said[15], "Behold Hashem's inheritance—sons, a reward of the fruit of the womb." To understand this is to understand

---

10   Ber. 5b
11   Ps. 17:14
12   Eccl. 7:16
13   Lev. 12:2
14   Nid. 71a
15   Ps. 127:3

the underlying meaning of the north/south orientation of the bed and its relation to male children. Midnight is the time of quiet following the heating up of the nature by the food, and the condition of the body is pure and cleansed. It is known that a person conceived from a cold drop will be foolish and lack intelligence, and a person conceived from a hot drop will be hot tempered and easy to anger. But a person conceived from a drop intermediate between hot and cold will always be wise and understanding, of calm temperament, and socially involved.

What is the connection between miscarriage and the north/south orientation of the bed? Rabbi Chanina said[16] regarding the fetus that whispered demands to its mother on Yom Kippur[17], "The wicked are cast from the womb[XI]." He understood the 'evil' fetus was in danger of being expelled from the womb because he suffered an extreme lack of a certain nutrient, and the rabbi saved it from miscarriage by allowing the mother to give into the unremitting demand of the fetus for the forbidden food. It is known that the cause of miscarriage is the provocation of the womb by the extremes of hunger and satiation- heat and cold. When the womb is in moderation, miscarriage does not occur. The orientation of the bed is a metaphor for the proper timing of intimacy, so as to create a moderate temperament in the resultant fetus.

We have included in this chapter three aspects of the timing of intimate relations, the day, the food, and the hour.

MDK: *The author metaphorically employs the reproductive physiology that our blessed rabbis learned from the wisdom of the Greeks of their time. Rabban Gamliel even ran a school to prepare representatives of our people to communicate with their contemporaries in the non-Jewish world. These biologic references serve to teach us spiritual principles to steer us through the treacherous straits of intimacy.*

Reproduction aside, the goal of intimacy is the mitzvah of onah, the gratification of the woman. The happiness of the man is the fulfillment of this mitzvah. Nowhere in the Holy Letter will you see any mention of man's pleasure.

---

16 Yoma 82b
17 Ps. 58:4

Food and the
Intimate Act

All of Hashem's ways are just, yet He commanded us to slaughter animals for food. Why did He do this? We could have been sustained with fruits, vegetables and grain. Why abandon the blood of animals to their great pain? Understand that the world is founded on the principle that Hashem, may He be blessed, acts for the benefit of all His creatures and is merciful to all His creatures, and on this King David said[1], "Hashem is good to all and His mercy is upon all that He made." This verse tells us that the killing and eating of animals by people is a benefit for the animals and a mercy for them, as I will explain.[XII]

It is known that the food man eats is ground up in the stomach and descends to the small intestine. From there, the liver sucks the good, choice, fatty, pure and clean elements of the food and pushes the remainder to the large intestine, from whence it emerges as excrement. The good food elements are processed and cleansed by the liver and converted to blood, which is sent to the heart, whence it is further sent to the organs. There, the end organ processes it further; muscle makes muscle, fat makes fat, bone makes bone, blood vessels make blood vessels, and this is how the whole body is nourished. Thus an

---

1   Ps. 145:9

animal killed for human consumption and eaten rises in status from animal to human.

There are four classes of substance in our lower world: non-life entities, plants, animals (which do not speak) and man, who speaks. Non-living creations are nourished by the four elements: water, earth, wind and fire. Plants are nourished from these same four as well as from the nonliving creations. Animals derive nourishment from the previous five plus the plants, while living, speaking beings (man) is nourished from the previous six plus animals. Each level makes an ascent to a higher level by providing it with nourishment.

Consider that blood nourishes the body and turns into body. Blood takes on the nature of that which it is made. When food is thick and murky, the blood it makes is thick and murky. And when it is clear and clean, the blood it makes is similarly clear, clean and pure. Hashem separated us in His holy Torah from various forbidden foods. Some of them stop up the heart, like forbidden fats and blood. Some of them cause arrogance, like predatory beasts and birds; some break up the paths of understanding, like rabbits, hares and pigs; some cause harsh diseases, like swarming water and land creatures. In summary, Scripture says[2] of all of these, "Do not abominate your souls with[forbidden] animals and birds and all the creepers of the earth from which I have separated you." He has made it known that these things thicken and make loathsome and give rise to bad blood, capable of producing all types of calamity. If so, when the sages say to sanctify one's self at the time of intimacy, the food one eats is part of that sanctification: proper, moderate food, not too hot, not too cold. Foods that give rise to pure, clean blood, destined to be converted to semen, which is further destined to be the foundation and the building of the fetus resulting from that intimate act. If the food is right, the semen will be clean and moderate, and if the food is thick and turbid, so will be the semen. It follows that the food is a cause of the resultant child being wise or foolish, righteous or evil. We say that the Holy One, blessed be He, placed the portion of the woman

---

2 Lev. 20:25

who gives seed in our Torah adjacent to the portion of forbidden foods. The verse[3] "to distinguish between pure and impure, and animals that may be eaten from animals not to be eaten" is immediately followed by "...If a woman gives seed..." which is then followed by the portion[4] of metzora[5]. These three portions imply a remarkable secret: if one separates one's self from forbidden foods, one will have proper, pure holy children, and if not, powerful and great plagues will arise from the seed that originated in the forbidden food.

Aside from the quality of the food, quantity is likewise of importance, for if one eats a moderate amount, digestion will be quicker and the blood will become pure sooner, for too much proper food prolongs its murkiness. [King] Shlomo has said[6], "A righteous person eats to satisfy his soul, but the stomach of the wicked will lack."

MDK: The physiologic metaphors continue into this chapter which deals with nutrition and digestion. Here also, holiness extends and Torah rules apply to set the bounds of eating options. The bridge to reproductive activity is the formation of the seed from the nutrients.

---

3   Lev. 11:47
4   Lev. 12:2
5   Lev. 13 14; a disease of impurity
6   Prov. 13:25

Intent and the Intimate Act

You must know the great secret that our rabbis of blessed memory said[1], that "Thoughts of sin can be more serious than the sin itself." I will enlighten you as to the deepest secrets of the world, which are hidden within rooms within rooms.

Understand that Hashem is the God of *dea* [knowledge, awareness], Who established His deeds with the purest wisdom, and gave in each aspect of nature an unchanging set of laws through miracles. He placed the potential in human beings to imagine, and to reproduce himself in the form of what he imagines, and it is natural for him to be aware of this. When a man has intimate relations with his wife, and his mind is occupied with thoughts and imaginings dealing with wisdom and understanding and good and proper behavior, what he imagines has the potential to form a similar parallel spiritual entity in the drop of seed. This is the secret of Yaakov's manipulation of the offspring of his sheep with the striped sticks[2], as it says "the sheep were aroused by the sticks and the ewes gave birth to striped, speckled and spotted lambs." Our rabbis alerted us to this[3] as Rabbi Yochanan went and sat at the gates

---

1   Yoma 29a
2   Gen. 30:37-39
3   Ber. 20a

of the *mikva* so that the women leaving to go to their husbands would gaze upon him and have beautiful children resembling him spiritually.

Consider the great vision this pious man is presenting us. The woman going home from the mikva would think about the visage of this beautiful and pious scholar and unite with her husband, and this thought in her imagination would give form to the tzura [form, spirituality] of the child she might conceive and his or her character, as we have explained.

Thus, thought causes the child to be righteous or wicked just as the food does. If so, every person must cleanse and purify his thoughts at the time of intimacy and not be thinking sinful and licentious things, but rather righteous , pure and holy thoughts—for these thoughts take form in the seed then produced. Additionally, a man must make his wife comfortable and cause her and her heart to rejoice with words, so that she is at one with him in the purity and clarity of thought and the matter of the mitzva. Then their thoughts will be bound together as one, and the Divine Presence will dwell between them, and they will conceive offspring pure of spirit. Do not be surprised at this, for it is simply natural, and a fact that thoughts of man and wife during intimacy affect the offspring for good or bad, beauty or ugliness. Evidence for this is brought in Midrash[4]: The wife of a king of Araby gave birth to a black son, despite the fact that both parents were particularly fair. The king considered putting her to death until a sage came and suggested that perhaps she had thoughts of a black man when she conceived. When they investigated, they found pictures of blacks on the wall of the room in which they coupled . This sounds like the striped sticks [of Yaakov, see above].

The Psalmist said[5], "God settles the solitary into a family", which the rabbis explained[6] that "If a man marries a woman for her beauty, he will enter a month and depart a month, and a sword will consume him, as it is written[7], 'They betrayed Hashem for they had alien children,

---

4   Tanchuma Naso, 7
5   Ps. 68:7
6   Kid. 70a
7   Hos. 5:7

now a month [Av] will devour them...'" This is because if he married for beauty, his intimate act will not be for the sake of heaven but rather his thoughts will be toward her physical form and not her spirituality, and their offspring will be alien. That is, they caused the departure of the Divine Presence from between them due to the heat of their physicality. Their union became fire and fire [alef-shin] without God [yud-heh] between them; that is what is meant by "they betrayed Hashem." [ibid.] To inform you of this message, the Torah places the portions of the 'beautiful woman' adjacent to that of the 'rebellious son'[8].

You should know that not for naught did King David have problems with Avshalom and with Amnon and Tamar, all of whom were children of 'beautiful women' from whose roots emerged similar branches, related to thoughts at conception.

I will transmit to you a great gift; the secret of thought and how it activates spirituality. Our rabbis said[9]: "Hashem does not join evil thought and deed, with the exception of idolatry, as it is written[10], 'In order to seize the House of Israel for what is in their heart.'" Elsewhere they said[11] that "Sinful thoughts are worse than sinful deeds". I will enlighten you as to these sealed matters in Talmud. The rabbis said[12], "Ben Azai would sit and learn and the fire would flame around him[XIII]. Rabbi Eliezer sat and interpreted and the rays that shone from him were like those of Moshe our teacher, of blessed memory." All these matters have one direction which I will clarify for you.

A spring flowing from a high place to a low place has the power to raise the water to another high place as high as its place of origin. Thus it is known to the Kabbalists that a man's thoughts drawn from the spiritual soul are drawn from the Supernal Realm. Thought has the potential to spread and rise and reach the place of its original source. Then it will cleave to the Supernal Secret from which it was drawn, and thought and Supernal Secret will become one. When thought returns from above to

---

8   Deut. 21 1-21
9   Kid. 40a
10   Ezek. 14:5
11   Yoma 29a
12   Vayikra Rabba 16:4

below, it takes the form of a single line, whose light is drawn down by the power of thought; then the Light of Clarity [or habahir] is drawn and spreads to the place where the thinker sits. This is the secret of Elisha's cruse of oil and Eliyahu's jug of flour[13]. When a man unites with his wife and their thoughts cleave to the Supernal Realm, the Supernal Light is drawn down to reside on the drop [zygote] that they were thinking about, like Elisha's cruse, and that drop is tied together forever with the Light of Clarity . This is the secret[14] of "Before I formed you in the womb, I knew you," for the Light of Clarity was tied to the drop of the righteous one at the moment of conception. Understand this well and you will understand the secret of why the patriarchs were never separated for an instant from the Supernal Light, like slaves possessed forever by the Master. At the time they were engaged in eating, drinking and intimacy and other bodily matters, how did they relate to the words of Torah? The answer is that during bodily activities their entire intent was for the sake of Heaven. Their thoughts were never separated even for a moment from the Supernal Light[XIV]. Out of this, Yaakov our father merited to produce twelve tribes, all purely righteous, bearers of the vessels of Hashem, for their thoughts were never separate from cleaving to the Supernal, even during intimacy.

[King] Shlomo said[15], "In all your ways, know Him, and He will straighten your paths." The rabbis said, in all your ways, even your small and large bodily needs. "Know Him" means the connection with the spiritual soul and the cleaving with the Supernal Light. Just as the union of man and wife is called yedia [knowledge], the cleaving of the soul to the Supernal Realm is called yedia.

Now let us consider why sinful thoughts are worse than sinful deeds. When a person thinks about evil and filthy matters, his thoughts are in a filthy state above and his soul is guilty to the Heavens, for he has contaminated it. But the sinful deeds have a lesser effect; their judgment does not reach the Heavens, and compared to sinful thoughts,

---

13   I Kings, 17 and II Kings 4
14   Jer. 1-4
15   Prov. 3:6

sinful deeds are easier for him. Thoughts have their roots above, and if their consequence is a 'cut', that cut will be close to the root. If he has a sinful thought at the time of intimacy, the filth of that thought will contaminate the drop and establish from it an evil, crooked, filthy foundation, called 'alien'. Now you can understand the importance of Rabbi Yochanan sitting at the gate of the mikva[16].

Speaking of thoughts, there is something else you must know. The thoughts and intentions of the pious become fulfilled, for good or for bad. This is why when the sage cast his eye upon a person, that person became a pile of bones, and another sage said, "Return to your dust"[17], we also find "Wherever the sages cast their eyes, either death or poverty resulted"[18]. This is the subject matter of prayer and sacrifice, the secret of cleaving to the Supernal Realm. From this matter is derived the power of the cursed Bilaam, about whom it was said[19], "Whomever you bless is blessed, and whomever you curse is cursed." He wanted to carefully inspect Israel in order to cleave his thoughts to the supernal and draw wicked thoughts upon them, so he "...raised his eyes and saw Israel residing according to its tribes..."[20]. Connecting his thoughts to the Upper Realm, he drew supernal power to the intended target, and this is what is meant by[21] "...he saw that he had seen enough." This is the reason for [his building of] the seven altars, the bullock and ram on each; to complete all the powers and bring them close to his thought to fulfill his evil wish. However, Hashem, who knows and understands all thoughts, took the measure of his evil thought and obliterated it, and left nothing to the will of the wicked Bilaam but only to His will, may He be blessed. If you understand this you will see the degree to which the power of thought reaches, for good or for bad. Now apply this to the power of thought at the time of the intimate act.

---

16   Ber. 20a, see the beginning of this chapter.
17   Taan. 24a
18   Chag. 5b
19   Num. 22:6
20   Num. 24:2
21   Num. 24:4

MDK: While previous chapters dealt metaphorically with physiologic principles of digestion and reproduction, this one deals with seichel, the work of the mind as it relates to intimacy. Seichel has two meanings and both are intended, intellect and spirituality. The product of the intellect—thought—drives and energizes the deeds of man, for good or for better. The same deed, e.g. the intimate act, is framed and structured by thought to be sacred or profane, and the resultant offspring are similarly affected.

The Quality of the Intimate Act

I t is well known that any pious and modest person speaks softly, with gentle and comfortable language, without overstatement, and walks modestly with head bent and eyes down. The evil person does just the opposite. We have discussed that while no part of a person's body can be deprecated, its actions can. Therefore, all times you and your wife are intimate, do not behave with lightheartedness, speaking nonsense and foolishness, and do not have too much vain conversation with her. You must first engage her with words that draw upon her heartstrings and settle her mind, and cause her to rejoice, in order that her consciousness is bound to your consciousness, and her intent to your intent. Speak some words designed to arouse desire and connection and love and willingness, and some words that draw her to a fear of heaven and piety and modesty. Relate to her how modest, pious women bear proper, pure children, fitting for the lofty crown, possessors of Torah and fear of Hashem, and great, holy people of good deeds, like Kimchit, who merited having seven sons who served as high priests. When she was asked how she merited this, she said that the walls of her house never saw the braids of her hair[1]. Converse with her at midnight or toward the last third of the night[2].

Do not force yourself upon her, for a sexual act like that, not done with mutual desire, love and willingness, does not have the Divine Presence dwelling within it. Do not enter her while she is asleep for such an act would lack her agreement—but it is proper to wake her up with words of endearment. It is improper to fight with her about intimacy, but it is proper to draw out her heart with words of grace and seduction to reach a mutual intent for the sake of heaven.

In summary, when you sense the time is right for intimacy with your wife, do it such that her *daat* is in agreement with yours. Do not be quick to arouse your desire, but make her comfortable so that she can enter a state of love and willingness, to be able to cast her seed first, for her *chomer* to be ready for your *tzura* to act upon it.[XV] Your intention should not be only for the pleasure of intercourse, but the fulfillment of the obligation and *mitzva* to sexually gratify your wife as it says in the Torah. Consider the big picture, how a pious person directs his lofty intention and your deed will be for the sake of heaven, a complete *mitzva*.

Beyond the modesty with which one conducts himself in all his other affairs, his act of intimacy requires special thought, which imprints the spirituality upon the drop of seed. This is the secret[3] of "These are the generations of Yitzchak the son of Avraham, Avraham bore Yitzchak." This means that upon hearing that Sara would have a son with whom Hashem would establish a covenant, Avraham directed his intent during intimacy with Sara to the Supernal Realm- this is how he "bore" Yitzchak. This *tzadik ben tzadik* had no internal or external defect, and this is the secret of his being brought up as a sacrifice. This kind of sacrifice, *olah*, is brought for thoughts of the heart[4]. His perfection was the result of the purity of his father's thoughts at the moment of conception.

---

1   Yerushalmi Meg. 1:12
2   Ber. 3a
3   Gen. 25:19
4   Vayikra Rabba, 63:1

This matter pertains to all pious, soulful people, whose intent is for the sake of *mitzva,* who cleave their consciousness and thought at the time of intimacy to the supernal and bear children fitting for holiness, purity and caring. "And these are the generations of Peretz, Peretz bore Chetzron...Yishai bore David"[5]. Not for nothing did Hashem choose David king of Israel, for he was part of a chain of totally righteous forebears, one after the other, one above the other, comparable to the Ten Orders of the World [*sefirot*], in the secret of *yud* that includes all. When you conduct yourself as I have informed you, I guarantee you will have pious, righteous children, who sanctify Hashem's Name.

And God in His mercy will open our eyes to the light of His Torah and merit us to reach His Reaching of the secrets of His Torah, and have children prepared to fear and serve Him. Amen and Amen.

---

5   Ruth 4:18-21

The Prayer of the Kabbala Master Rabbenu Moshe ben Nachman, on the Night of Intimacy

May it be Your will, Creator of all the worlds, Righteous in all the generations, for the sake of Your Great Name, which arises from the verse, "Hashem, bless our remembrance," a new seed, a holy seed, acceptable and proper, good and beautiful, corrected nd received. And fitting to live and endure without sin and shame. And bless me in Your Name, and bless my home with Your Remembrance, and may I know that my tent is at peace and may You draw out the continuance of my seed and the wellsprings of the source of Israel. Purify my body and sanctify my soul and my thoughts and my spirit and my awareness and my feelings that I be strengthened and enclothed in Your good, pure, giving Spirit in order to perfect my accomplishment of Your Will. And perfect my seed, that it be built and live, and act in truth and honesty to complete and establish Your Will with tastefulness and grace and kindness, in health with strength and power. And there should not be defect or damage or illness or pain or weakness. And he shall not lack of goodness all the days of his life. And bless me and my home [wife] and my offspring with all that perfects our knowledge, our spirituality and our feelings to do all our deeds according to Your Will. And bless me with the blessings of heaven above, blessings of the deep that crouches below, and the house of Your servant will be blessed from Your blessings forever. Amen forever, Selah.

The Blessing on Intimate Relations from the Siddur of Rabbi Yaakov of Emden

Why did our rabbis not establish a blessing for conjugal relations, neither a blessing acknowledging benefit or pleasure, like for food, nor a blessing on fulfillment of a commandment, like circumcision? The answer is they intended the words of the blessing on going to sleep [*hamapil*] to suffice for the pleasure of intimate relations with the inclusion of "let my bed be *shlema* [complete, perfect] before You."[1] This includes an intention to pray to Hashem for the perfection of the seed as well as a prayer that he not waste seed during sleep. If he blesses the sleep blessing [*hamapil*], then sleeps, then wakes and has relations with his wife, he need not repeat the blessing.

The great Kabbala master the Arizal [Rabbi Yitzchak Luria, 16th Century Safed] said it is good to recite Psalm 23, "Hashem is my shepherd, I shall not want" before marital relations, just as one says it before the third Shabbat meal which represents the conjugal union of *Bina* and *Tiferet*., for both acts have the same aspect.

---

1   Misna Brura 239:105: He should say the blessing *hamapil* and *shma* after relations.

Kegavna Prayer

כגונא דאינון מתיחדין לעלא באחד, אוף הכי איהי אתיחדת לתתא ברזא דאחד, למהוי עמהון לעלא חד לקבל חד, קדשא בריך הוא אחד, לעלא לא יתיב על כורסיה דיקריה, עד דאתעבידת איהי ברזא דאחד, כגונא דיליה למהוי אחד באחד. והא אוקימנא רזא דיהוה אחד ושמו אחד.

רזא דשבת, איהי שבת דאתאחדת ברזא דאחד, למשרי עלה רזא דאחד, צלותא דמעלי שבתא, דהא אתאחדת כורסיה יקירא קדישא ברזא דאחד, ואתתקנת למשרי עלה מלכא קדישה עלאה, כד עיל שבתא, איהי אתיחדת ואתפרשת מסטרא אחרא. וכל דינין מתעברין מנה, ואיהי אשתארת ביחודא דנהירו קדישא, ואתעטרת בכמה עטרין, לגבי מלכא, קדישא. וכל שולטני רוגזין, ומארי דדינא כלהו ערקין, ואתעברו מנה. ולית שולטנא עלאה אחרא בכלהו עלמין (בר מנה), ואנפאה נהירין בנהירו עלאה, ואתעטרת לתתא בעמא קדישא. וכלהון מתעטרין בנשמתן חדתין. כדין שירותא דצלותא, לברכא לה בחדוה בנהירו דאנפין.

Just as they (all six sefiros) unite above in Oneness, so she (the sefira of Kingship) unites below in the secret of Oneness so that it may join those above, the Oneness below paralleling the Oneness above. The Holy One, Blessed be He, Who is One above, does not sit on His royal Throne of Glory until it (Kingship below) is made over in the secret of Oneness like His, that there may be a Oneness parallel to a Oneness. Thus we have set forth the secret of Hashem (Who is above) is One and His name (ie His Kingship below) is One.

This is the secret of the Sabbath: She (Kingship) is called 'Sabbath' when she becomes united in the secret of Oneness so that Hashem's Oneness may rest upon her, [ie during] the evening prayer of the

Sabbath, for then the holy Throne of Glory becomes unified through the secret of Oneness, and becomes ready for the Supreme Holy King to rest upon it. When the Sabbath arrives, she unified herself in Oneness and divests herself of the Other Side (evil), all harsh judgments are removed from her, and she remains alone with the Oneness of the holy light. She crowns herself with many crowns for the Holy King. All wrathful dominions and bearers of grievance flee together, and there is no power but her in all the worlds. Her face glows with a heavenly light and she takes the holy people below as her crown, for they crown themselves with new souls (that arrive with the Sabbath). Then their prayers begin by blessing her with joy and with radiant faces...

Zohar Trumah (134:1)

Endnotes

I   The same prophet says [Isai. 42:24] "...Was it not Hashem, He against Whom we have sinned", again using *zu* to refer to the people.

II   Recanati, Taamei Hamitzvot: If it would be a bodily matter, it would not be called *yedia*, for *yedia* is intention that something endure through Hashem's providence.

III   Some editions: The great secret of the *merkavot* [chariots, cherubs on the ark cover] which were attached to each other like man and woman in an intimate pose. If this would have been unseemly in any way, the Master of the Universe would not have commanded that it be made and put in the holiest and purest of places.

IV   Rashi, Yoma 54b: The cherubim embraced like a man and a woman

V   Gen. 1:20: He did not find a help mate *knegdo* [opposing him, corresponding to him]. Sota 17a: Rabbi Akiva explained: If they merit it [by virtue of the intent of their intimate act], the Divine Presence is between them. If they do not merit this, a fire consumes them.. I Kings 7:36: The Cherubim...embraced each other like a man and his mate. Recanati, Gen 11:2: From here you understand the secret of *zivug* [coupling]. Know and understand this matter that all existence is based on the model of the embrace of man and his mate. The relationship of the Upper World to its shadow, the Lower world, is like that, as our rabbis of blessed memory said in the Book of Bahir [clarity]: Rabbi Akiva said: Every thing the Holy One, blessed be He created in His world, He created it one opposite the other.

VI   Jaktilla, Shaarei Ora 3: Hashem Tzvaot [Lord of Hosts] is the expression of God's name in Netzach.

VII   Think DNA.

VIII   Think homunculus, or better, genetic template.

IX   Think molecular precursors.

X   *Tzura*, form, is a metaphor for spirituality, and *chomer*, material is a metaphor for physicality.

XI   Yoma 82b discusses a case of a pregnant woman with an irresistible urge to eat on Yom Kippur, her fetus having smelled a certain food. Rabbi Chanina whispered in her ear to the fetus that that day was Yom Kippur, but the lust of the fetus continued. Whereupon Rabbi Chanina recited the verse [Ps. 58:4], "The wicked are cast from the womb." The fetus grew up to be Shabtai the fruit-warehouser, whose manipulative speculations drove up the price of fruit and made it unavailable to the people.

XII   Jiktilla, Shaarei Ora 6:531: All the creatures appear before the Holy Throne and must agree to their creation before it occurs.. The cows stand before Hashem and He asks them, "Is it your will to be slaughtered and eaten by man, such that you ascend from your status of dumb animal, to the status of man who knows and recognizes Me?" The cows answer, "It is good and merciful for us, for when a person eats a part of us, it becomes a part of him."

Similarly, the death of a person is life, for he ascends to the level of angels. This is the secret of [Ps. 36:8] "Man and animal You will save, O Lord". Thus the killing of animals for human consumption arises from His kindness and mercy on all His creatures. Consider what the rabbis said [Pes. 49b]: An ignoramus [one who does not recognize Hashem] is forbidden to eat meat, for he is at an animal level and lacks a soul, and for him to eat meat would not be an ascent in spirituality for the animal. A.Y.H. Kook, Olat R'ia p. 292: The prayer for the Third Temple at the end of the Amida says "The gift offering of Judah and Jerusalem is sweet to Hashem". Living animals brought on the altar experience *tikun* through elevation to the status of sacrifice to Hashem without their awareness. In the future, when "the earth will be filled with awareness of Hashem" and the bounty of awareness will spread even to the animals, they will not need the elevation of the altar. The *mincha* offering, from plants [flour, olive oil, myrrh] will then be as sweet to Hashem as the animal offerings of the early days.

XIII Recanati, Tetzei: Through the cleaving of his thought to the Supernal Realm, a fire descended from heaven as he dealt with the Holy Chariot.

XIV See Rambam, Laws of Deot, 3:2 and Ramban, Deut. 22:11.

XV Ned. 20b: As related by his wife, Rabbi Eliezer would perform the act partially clothed in order to cool his ardor and allow her to climax. According to Shulchan Aruch, Even Haezer 76:13, it is forbidden to cohabit while clothed, unless the wife gives her consent.

[וכליל לשמים], ונקרא יצחק עולה תמימה. וכל זה גרם אותו אברהם בשעת החבור שנתכוון לשם שמים ממש.

וכן הדבר נוהג בשאר החסידים אנשי לבב, כי בהתכוונם לשם מצוה להדביק מחשבתם בעליונים בשעת החבור, אז יולידו בנים ראויים לקדושה ולטהרה ולחסידות. ולפיכך הוצרכה מגילת רות לכתוב (רות ד) ואלה תולדות פרץ פרץ הוליד את חצרון, כאשר פרץ צדיק גמור נתכוין גם הוא להוליד בן צדיק כמותו, וזהו סוד פרץ הוליד את חצרון. וכן חצרון נתכוין גם הוא להוליד בן צדיק כמותו, וזהו סוד חצרון הוליד את רם. וכן עד ישי הוליד את דוד, צדיק בן צדיק. להודיע כי לא על חנם בחר הקדוש ב"ה בדוד עבדו, כי שלשלת עשרה צדיקים גמורים זה למעלה מזה, כדמיון עשרה סדרי עולם [בסוד שעור קומה] בסוד יו"ד [שהכל כלול בה. ולפיכך נקרא דוד ביו"ד על עשר מעלות כלולות בו], כי מפרץ ועד דוד עשר מעלות, צדיק בן צדיק. ועתה התבונן סוד מה שכללנו בדברים אלו. וכשתהיה נוהג בהם כמה שהודעתיך, אני ערב לך להוליד בן צדיק וחסיד מקדש שם שמים.

[והש"י ברחמיו יפקח עינינו במאור תורתו, יזכנו להשיג השגתו מסודות תורתו, ולהוליד בנים מוכנים ליראתו ולעבודתו, אמן ואמן].

ויספר עמה באמצע הלילה או סמוך לשליש האחרון, דתניא בברכות (ג א) משמרה שלישית תינוק יונק משדי אמו ואשה מספרת עם בעלה.

[וכשהוא בועל אותה, לא יבעלנה בעל כרחה ולא יאנוס אותה, מפני שאותו החבור אין השכינה שורה בו מפני שכוונתו בהפך מכוונתה ואין דעת אשתו מוסכמת לדעתו. ולא יריבנה ולא יכה אותה על עסקי תשמיש. והנה אמרו רז״ל במסכת יומא (פסחים מט ב) מה ארי דורס ואוכל ואין לו בושת פנים אף עם הארץ מכה ובועל ואין לו בושת פנים. אבל הוי מושך לבה בדברי חן ופתוי ושאר דברים הגונים ומחושבים. ואל תהי בועל אותה והיא ישנה, מפני שאין כוונת שניכם אחדות ואין מחשבתה מוסכמת אל מחשבתך, אבל הוי מעורר אותה ומכניסה בדברים]. סוף דבר, כשתהיה בודק בעצמך ותראה שאתה ראוי לשמש, עשה שתהיה דעת אשתך מוסכמת לדעתך.

וכשאתה מתחבר עמה אל תמהר לעורר בה התאוה, כדי שתתישב דעתה, [ותתכנס עמה בדרך אהבה ורצון, בענין שתזריע היא תחלה, כדי שיהיה הזרע שלה כחומר והזרע שלך כצורה, כענין שנאמר אשה כי תזריע וילדה זכר. וכבר ידעת מה שאמרו (נדרים כ ב) בענין אותו חסיד שאמרה אשתו עליו שהיה מגלה טפח ומכסה טפחיים ודומה כמי שכפאו שד, כלומר שלא היה מתכוון להנאת תשמיש לבד, אלא שהיה בעיניו כמי שמתעסק בדבר אחר שאינו ממלאכתו אלא שהוא חוב מוטל עליו לגמרו משום מצות עונה האמורה בתורה. והתבונן ותראה האיך היה זה החסיד מתכוין כונה עליונה, שכל מעשהו היה לשם שמים ולמצוה גמורה].

ומכל הדברים שהודענוך בפרקים הקודמים ובזה הפרק, יש לך להקיש כמה דברים שלא זכרנו מן הדברים שזכרנו, והוי כולל כל הדברים כלם. ומדעתך תבין דרך ההנהגה שהאדם ראוי להתנהג בה בשעת תשמיש יותר מכל צניעות שאתה צנוע על כל מדותיך, במאכל ובמשתה ובדרך ארץ. כי כפי הצניעות ומחשבה שאתה נוהג בשעת החבור כך תחול הצורה על טפת הזרע.

וזהו סוד (בראשית כה) ואלה תולדות יצחק בן אברהם אברהם הוליד את יצחק, כלומר אחר שאמר ליה הקב״ה שרה אשתך יולדת לך בן, נתכוין אברהם בשעת החבור כוונה יתרה על כל מדותיו הטובות, בהיותו מדבק מחשבתו בעליונים ומתכוין להוליד בן שיהיה ראוי למה שאמר לו הקדוש ב״ה. וזהו סוד אברהם הוליד את יצחק, נתכוין להוליד בן שיהיה צדיק גמור כמותו. וזהו אלה תולדות יצחק בן אברהם, אז״ל (בראשית רבה סג א) צדיק בן צדיק. והגיע כח צדקו עד שהעיד הקדוש ב״ה שאין בו מום, לא בפנים ולא בחוץ. וזהו סוד ויעלהו שם לעולה, וכבר ידעת שלא היה ראוי שיהיה מום בדבר הקרב על גבי המזבח. הבן המראה הגדול הזה. וכבר ידעת כי העולה היא קודש קדשים, והיא באה על הרהור הלב וחטאות המורגשות, ולפיכך צריכה הפשט ונתוח

ומעיין בו. וזהו ענין (שם כד) מחזה שדי יחזה נופל וגלוי עינים. ולפיכך נתכוין הרשע לבנות המזבחות שבעה ופר ואיל בכל אחד, כדי להכניס אליו כל הכחות ולקרבם אל מחשבתו, כדי לקיים חפצו ורצונו הרע בכל אשר יאוה. ולזה אמר (במדבר כג) ויקחהו שדה צופים, שהיה הרשע צופה בהם כדי להמשיך עליהם מחשבתו הרעה. אבל הקדוש ב"ה שיודע כל המחשבות ידע מחשבתו הרעה, ולא הניחה לרצונו של בלעם הרשע. והבן זה מאד ותדע עד היכן מגיע כח המחשבה. [ואע"פ שאין זה מכוונת הספר, תועיל לך בו תועלת שלמה בהיותך יודע שעור ההרהור עד היכן נוגע, ותדע סוד המחשבה מה היא פועלת בשעת החבור].

ואחר שהודענוך סודות אלו הסתומים יש לנו להודיעך סוד הדרך הסמוך לזה, כפי הראוי, בעז"ה:

פרק ו

הדרך חמישי—באיכות החבור

[כבר הודענוך בפרקים אלו דברים רבים שיש לך לכלול אותם עם מה שנאמר בפרק זה. ושימם כחותם על לבך. והנני מתחיל ואומר] ידוע כי כל איש חסיד וצנוע, כשהוא מדבר, אינו מדבר כי אם בלשון רכה ושפה רפה ובנחת רוח, ואינו מדבר גדולות, וכשהוא מהלך ילך בקומה כפופה וראשו נמוך, וכן בכל מנהגיו. והרשע בכל דרכיו בהפך מזה. ואתה יש לך לעיין [אם יש לך עיניים לראות], כי מאחר שהדברים שאין להם גנות אבר אצל בני אדם, יש להם גנות מעשה וענין רע, כל שכן בדברים שיש בהם גנות אבר אצל בני אדם כל שכן גנות אבר וגנות מעשה. ועל כן, כל זמן שהאדם מתחבר לאשה, אל יהא בקלות ראש ודברי שוא ותעתועים, ואל תקל ראשך כנגד האשה, ואל תרבה בשיחה בטלה עמה. ולפיכך יש לך להכניסה תחלה בדברים שמושכין את לבה ומיישבין דעתה ומשמחין אותה, כדי שתקשר דעתה בדעתך וכוונתה בכוונתך. תאמר לה דברים קצתם מכניסין אותה בדברי חשק ואהבה ורצון, וקצתם מושכין אותה ליראת שמים וחסידות וצניעות. ומספר עמה בדברי נשים חסידות וצנועות, היאך יצאו מהם בנים הגונים וכשרים, ראויים לכתר עליון, בעלי תורה ויראה והוראה, כמעשה קמחית שזכתה לז' בנים שכולם שמשו בכהונה גדולה, ושאלוה חכמינו ז"ל במה זכתה, ואמרה להם אפילו קורות ביתי לא ראו שער ראשי מימי, וכל זה הפליגה לשאר צניעותה וחסידותה ויושר מעשיה. [ויכניס אותה בדברים אלו, מהם אהבים ומהם עגבים, ומהם יראת שמים וצניעות וטוהר מחשבה].

עסקי הגוף, דברי תורה מה תהא עליהם, והיתה התשובה כי גם בכל עסקי הגוף כל כוונתם היתה לשם שמים. ולא היתה מחשבתם נפרדת מן האור העליון אפילו רגע אחד. ומתוך כך זכה יעקב להוליד י״ב שבטים כלם צדיקים גמורים ותמימים היו, וראויין להיות כדמיון סדרי עולם נושאי כלי ה׳, לפי שלא היתה מחשבתם נפרדת מהאור העליון אפילו בשעת החבור. ולכן אמר שלמה ע״ה (משלי ג) בכל דרכיך דעהו, [אמרו חז״ל (ברכות סג ב) בכל דרכיך דעהו אפ׳ לכל צרכי הגוף קטן וגדול. ומה שאמר דעהו כבר ידעת] ידיעה זו היא חבור הנפש השכלית ודבוקה באור העליון [כאשר חבור האדם באשה נקרא ידיעה, כן דבוק הנפש בעולם השכל נקרא ידיעה, וכבר ידעת שלא] (ולא) נקרא האדם יודע דבר פלוני עד שנדבק המשכיל במושכל. [והבן זה מאד. א״כ התבונן סוד אומרו בכל דרכיך דעהו, וסמיך ליה והוא יישר ארחותיך, כי האור העליון יהיה נדבק במעשיו ויהיו כולם בסדר נכון וקיים. וזהו מאמר חז״ל (אבות פ״ב מי״ב) וכל מעשיך יהיו לש״ש].

ואחר שהודענוך זה, התבונן בהיות הרהורי עבירה קשים מעבירה, כי בהיות אדם מחשב בדברי רשע וטנוף מחשבתו נדבקת בטנופה בעליונים, והרי נפשו מחוייבת לשמים שהרי היא מטמאה במגע, אבל אלו עשה עבירה למטה ולא נגע משפטה לשמים, יקל מעליו יותר מהרהור הרע [שהוא נדבק בעליונים] והוא קרוב לקצץ בנטיעות.

ומכאן תבין סוד מהרהר עבירה בשעת תשמיש כי אותה המחשבה המטונפת חלה על הטפה ומיסדה ממנה יסוד רשע ועול וטנוף, ונקראת זרה. [והבן זה אם בעל נפש אתה].

ומכאן תבין מעשה של אותו חסיד שהיה יושב בשערי טבילה כדי שתהיין מחשבתן והרהורם נדבקת בצורתו, וצורתו נקשרת בעליונים.

ועוד נודיע לך ענין אחר בענין המחשבה, אף על פי שאינו מכוונת החבור, עם כל זה הוא מועיל לו ולזולתו. והוא, כי בהיות החסידים הקדושים מדביקים מחשבתם בעליונים, כל דבר שמחשבין עליו באותה שעה היה מתקיים אם טוב ואם רע. והוא שאמרו (ב״ב עה א) נתן עיניו בו ונעשה גל של עצמות. וכתוב בתענית (כד א) בההיא ברתא תובי לעפרך, וכן היה. ומה שאמרו (חגיגה ה ב) כל מקום שנתנו חכמים עיניהם בו או מיתה או עוני.

ומהענין הזה סוד התפלה והקרבנות, שהוא סוד דבוק בעליונים.

ומהענין הזה היה כח אותו ארור בלעם הרשע, שהיו אומרים עליו את אשר תברך מבורך ואשר תאור יואר. ולפיכך היה רוצה לעיין בישראל עיון שלם כדי שיוכל להדביק מחשבתו בעליונים וימשיך עליהם מחשבה רעה. ולפיכך אמר (במדבר כד) וישא בלעם את עיניו וירא את ישראל שוכן לשבטיו. ולפיכך הוצרך לדקדק (שם כב) לך נא אתי אל מקום אחר אשר תראנו משם וגו׳, כי הרשע היה צריך לעיין במה שכוונתו עליו, לטוב או לרע, והיה מדביק מחשבתו למעלה, והיה מושך כח עליון למי שהיה מתכוין

בגדו כי בנים זרים ילדו]. ובאתי לעוררך עיקר גדול. דע כי לכך נסמכה פ׳ בן סורר ומורה ופרשת תלוי לפרשת יפת תואר, להודיע כי מאשה לקוחה בשביה לא יצא אדם צדיק. מאחר שאין הכוונה רק ליופי וזמה יצאו ממנה בנים סוררים ומורדים ראויים לארבע מיתות ב״ד. ודע כי לא לחנם אירע לדוד ענין תמר ואמנון ואבשלום, כי שניהם בני יפת תואר היו. כי כל זה גורם ההרהור כיוצא באותה הצורה. ואם כן בין במה שעוררנוך בפרק זה בענין כוונת החבור והמחשבה וההרהור.

ואני רוצה לעוררך על עיקר גדול, ואמסור לך מתנה גדולה בסוד המחשבה היאך היא פועלת הצורה בדבר שהיא נתקבלה ממנו. הנה רבותינו ז״ל אמרו (יומא כט א) הרהורי עבירה קשים מעבירה, ובמקום אחר אמרו (קידושין מ א) מחשבה רעה אין הקדוש ב״ה מצרפה למעשה חוץ מע״א שנאמר (יחזקאל יד) למען תפוש את בית ישראל בלבם. והנני מאיר עיניך בדברים סתומים באו בגמרא. הנה אז״ל (ויקרא רבה טז, ד) בן עזאי היה יושב ושונה והיתה האש מלהטת סביבותיו ורבי אלעזר יושב ודורש וקרנותיו יוצאות כקרנותיו של משה רבינו ע״ה. ותצטרך לדעת כי כל אלו הדברים כוונה אחת להם, והנני מבאר. כי מעין המים בהיותו נמשך ממקום גבוה למקום נמוך, יש כח להעלות אותם המים אל מקום אחר גבוה כנגד גובה המים שיוצאין ממנו. וכן ידוע לבעלי הקבלה כי מחשבת האדם היא ממקור הנפש השכלית שנמשכה מן העליונים, ויש כח במחשבה להתפשט ולעלות ולהגיע עד מקום מוצאה, ובהגיע אל המקור אז היא נדבקה בסוד העליון, שמשם נמשכת ונעשית היא והוא דבר אחד. וכשהמחשבה חוזרת להמשך ממעלה למטה, נעשה הכל כדמיון קו אחד ואותו האור העליון נמשך למטה בכח המחשבה שמושכת אותה למטה [ונמצאת שכינה למטה] ואז האור הבהיר נמשך ומתפשט באותו המקום שבעל המחשבה יושב שם. וכן היו חסידים הראשונים מדבקין מחשבתן בעליונים ומושכין האור העליון למטה ומתוך כך היו הדברים מתוספין ומתרבין כפי כח המחשבה. וזהו סוד השמן של אלישע עליו השלום וכד הקמח וצפחת השמן של אליהו.

ואחר שהדבר כן, הוצרכו רבותינו ז״ל לומר כי בהתחבר האדם לאשתו ומחשבתו נדבקת בעליונים, הרי אותה המחשבה מושכת אור עליון למטה והוא שורה על אותה טפה שהוא מתכוין עליה ומהרהר בה, כענין הצפחת, ונמצאת אותה טפה נקשרת לעולם באור הבהיר. וזהו סוד בטרם אצרך בבטן ידעתיך, מפני שכבר נקשר האור הבהיר בטפת אותו צדיק בעת החבור לפי שהמחשבה נקשרת בעליונים, ומשכה האור הבהיר.

והבן זה עד מאד. ותבין ממנו סוד גדול בענין אלהי אברהם אלהי יצחק ואלהי יעקב. [כי זהו הסוד, שלא היה מחשבתם נפרדת אפילו שעה אחת ורגע אחד מן האור העליון. ונמצאו האבות כעבדים הקנויים לאדון קנין עולם, ולפיכך אמר אלהי אברהם אלוהי יצחק ואלוהי יעקב]. ושם נאמר כי בעת שהיו עוסקים במאכל ובמשתה ובמשגל ובשאר

ולזכותם בשעת תשמיש, ולא יהיה מחשב בדבר עבירה וזמה רק בדברים הקדושים, ויהא מחשב בצדיקים הטהורים אנשי מדע והשכל וחכמה. כי אותן המחשבות יחולו על הזרע ויציירהו בצורתן בשעת תשמיש. וכן מחשבת אשתו. ושיהיה משמחה בדברים המשמחים את הלב כדי שתהיה גם היא מסכמת למחשבות זכות וטהורות, ויהיו שניהם אחדים בדבר המצוה, כי אז תתקשר מחשבתם לאחד ותהיה השכינה שרויה ביניהם, ויולידו בן כפי הצורה הטהורה שציירו.

ואל תתמה על דבר זה, כי טבע פשוט הוא בעיני חכמי המחקר, כי כפי המחשבה וההרהור שיעבור על לב האדם ואשתו בשעת חיבורם יהיה הולד מוכן ומצוייר אם טוב ואם רע. וכבר הביאו (מדרש תנחומא פ' נשא) מההיא מטרוניתא שילדה בן שחור והיתה היא והמלך לבנים יפים עד מאד וחשב המלך להרגה עד שבא חכם אחד וא"ל שמא הרהרה בשעת תשמיש באדם שחור ובדקו ומצאו צורות שחורות במשכיות אותו החדר ששמשה בו ואמרה כי היתה מסתכלת באותן הצורות ומהרהרת בהן בשעת החבור. וזהו כענין המקלות. ואל תתמה, כי גדול מזה נודע בטבע, כי אדם שנשכו כלב שוטה וחלה חולי הידוע לאותה הנשיכה, הנה מאותה הדמיון שהוא מדמה ברעיוניו לא יוכלו להקריב לפניו מים, כי מיד ידמה לו שיש בהם כלבים שוטים, וגם בשתן שלו יראה דמיון כלבים [דקים] (רעים) עד מאד [ואם יסננו אותו השתן במסננת לא ימצאו בו שום דבר, אבל אם יתנו המים בכלי זכוכית ושהה שם שעה אחת יראו שם גורי הכלבים]. מפני רוב ההרהור והתמהון מצייר בשתן הרהוריו ותמהוניו.

והבן זה עד מאוד. וראה עד היכן כח המצייר וההרהור בשעת תשמיש. סוף דבר אדם מהרהר בדברים טובים וטהורים, הנה אותו ההרהור הטוב חל על טפת הזרע ויהיה הולד מצוייר כצורת אותו הרהור ועתיד להיות צדיק גמור, ועליו נאמר (ירמיה א) בטרם אצרך בבטן ידעתיך. ובאמת כי קודם הצורה שלו יהיה ההרהור הטוב מוכן לציירו, ואז השכינה משתתפת עם המחשבה הטהורה, כאמרם ז"ל (קידושין מ א) מחשבה טובה הקב"ה מצרפה למעשה. ואם אדם מחשב בדבר עבירה וכיעור, הנה הולד מיוסד על יסוד רשע וכעור ועתיד להיות רשע מטונף, ועליו נאמר (תהלים נח) זורו רשעים מרחם.

ואני צריך לעוררך על יסוד גדול שבתורה ובדברי רבותינו ז"ל (תהלים סח, ז) אלהים מושיב יחידים ביתה, ואז"ל (קידושין ע א) כל הנושא אשה לשם יופי, חודש נכנס וחודש יוצא וחרב אוכלתו שנאמר (הושע ה) בה' בגדו כי בנים זרים ילדו עתה יאכלם חדש את חלקיהם. והסוד הגדול בזה, כי בהיותו נושא אשה לשם יופי, הרי חבורו אינו לשם שמים, כי אמנם הוא מהרהר בצורתה בדרך הגופניות ואינו מחשב במחשבה טהורה עליונה. והנה הבן הנולד מאותו הרהור הוא בן נכרי וזר, ועליו נאמר (הושע ה) כי בנים זרים ילדו, ואין לשם חלק בו. נמצאו בוגדים [לה', כלומר שגורמים לשכינה שתסתלק] (ושכינה מסתלקת) מביניהם. [נמצאו אש ואש ואין י-ה שרויה ביניהם. וזהו סוד בה'

מאכלות האסורות והמשוקצות. ועל ידי כן בא להודיעך כי צריך האדם לקדש עצמו גם במאכלות הגונות סמוך לתשמיש כדי שיהיה מזרע נקי וטהור ובינוני בין צפון לדרום כמו שאמרנו. והנה הודענוך כי כפי המזון יהיה הדם הנולד, וכפי הדם יהיה הזרע, וכפי הזרע יהיה הולד הנולד ממנו. וכבר ידעת מה שאמרנו שלא יולד מן הסוס נשר ולא מן החטה עדשים, וכן נאמר כי לא יולד מן הזרע העכור והרע כי אם דם משוקץ ונתעב כאמרו (תהלים נח) זורו רשעים מרחם.

והנה הודענוך בדרך הזה דרך המזון הראוי. וראוי לנו לומר לך כי מן המזון הראוי אין צריך לקחת כדי מלוי הגוף רק דבר בינוני שיוכל הטבע לטחון אותו וימהר להתהפך לדם נקי וטהור, כי בהיות המאכל מתרבה באסטומכא אף על פי שיהיה מן הדברים ההגונים הנה רבויו יהיה גורם שלא יהיה נטחן ויפסד באצטומכא, ויהיה חוזר רע ומטונף יותר ממה שהיה מן [המעט אם יהיה מן] הדברים הגסים והרעים. לפיכך ראוי להזהר גם בשיעור המזון כאשר יזהר בגוף המזון ממש. הנה שמור זה העיקר הגדול שהוא ערוך מצד המזון לצד החבור.

פרק ה

הדרך הרביעי—בכוונת החבור.

צריך אתה לדעת מה שאז״ל סוד גדול (יומא כט א) קשה הרהור עבירה מעבירה. והנני מאיר עיניך בדברים שהם כבשונו של עולם והם נסתרים בכמה חדרים פנימים. דע שהשם יתברך אל דעות התקין פעולותיו בחכמה תמימה ונתן כל טבע מטבעי העולם [כח] מיוחד פועל הדבר שניתן לו במשמרת מבלי שינוי רק בדרך נס. והנה נתן כח בדמיון האדם להוליד כיוצא בדבר שהוא מדמה. ודבר זה נדעהו גם מצד הטבע.

והנה בהתחבר האדם אל אשתו, אם דמיונו ומחשבותיו עסוקים בחכמה ובינה ומדות טובות והגונות הנה אותו הדמיון אשר במחשבותיו, יש לו כח לצייר הצורה בטיפת הזרע כמו שהיה מדמה בשעת החבור, בלי ספק. וזהו סוד (בראשית ל) ויקח לו יעקב מקל לבנה וגו׳ ואומר ויחמו הצאן אל המקלות וגו׳. ורבותינו ז״ל אמרו בברכות (כ א) רבי יוחנן הוה אזיל ויתיב אשערי טבילה אמר כי סלקן ואתיין בנות ישראל מנהרא לסתכלן בי כי היכי דלהוו להו זרעא שפירי כוותי. התבונן במראה הזה, כי זה החסיד הודיע כי בהיות האשה מחשבת ביפיו בעלותה מן הטבילה ומתחברת לבעלה, תחבר צורת הולד כפי הדמיון שהיא תדמה. ואם כן נמצא הדמיון סבה גדול, וההרהור והמחשבה גורמין להיות הולד ומדותיו כאשר ביארנו, הנה שההרהור והמחשבה גורמין להיות הולד צדיק או רשע כאשר יגרום המזון כל זה. וצריך כל אדם לנקות מחשבותיו והרהוריו

נשחטה, שעלתה ממדרגת גוף בהמה למדרגת גוף אדם. וזהו דרך ד׳ הרכבות עולם התחתון, שהן מקורות וצמחים ובעלי חיים שאינם מדברים ובעלי חיים המדברים, כי המקורות שואבין וניזונין מד׳ יסודות, והצמחים ניזונים מד׳ יסודות ומן המקורות, ובעלי חיים שאינן מדברים נזונים מן הצמחים והמקורות ומד׳ יסודות, והחי המדבר משתמש מן החיים שאינן מדברים ומן הצמחים ומן המקורות ומד׳ יסודות. וכן כל דבר הולך מעלוי לעלוי עד שהגלגל חוזר פנים ואחור, ועל זה נאמר טוב י״י לכל, מן היסודות עולה למדרגה למעלה מהן והן המקורות, והמקורות עולות למדרגה למעלה מהן והם הצמחים הצומחים, ומן הצמחים עולין למעלה מהן והם בעלי חיים שאינם מדברים שמתנועעים וצומחים והם מורכבים מד׳ יסודות, ומבעלי חיים שאין מדברים עולים למעלה גדולה מהם והם החיים המדברים שיש בהם כח דיבור וכח תנועה וכח צמיחה וכח הרכבה מד׳ יסודות. אם כן נמצאו כל הדברים נעשין מזון לזולתם כדי לעלותם לעילוי גדול על מדרגתם.

ואחר הקדמה זו, דע שבהיות הדם מזון הגוף ונהפך לגוף, והדם הוא כפי טבע המזון שנעשה ממנו, ראוי לך לדעת כי בהיות המזון עב ועכור יהיה הדם הנעשה ממנו עב ועכור, ואם המזון הוא נקי זך וטהור יהיה הדם כמותו. ולפיכך הבדילנו יתברך בתורתו הקדושה מכמה מאכלות אסורות שאסר אותם עלינו, קצתם מטמטמין את הלב כחלב ודם, וקצתם שמעזין את הפנים כחיות ועופות ובהמות הדורסין, וקצתם שסוגרין דלתי התבונה והחכמה כארנבת ושפן וחזיר ודומיהן, וקצתן שמולידין כמה מיני חלאים קשים ורעים כשרצי הארץ והמים. סוף דבר על כלם אמר (ויקרא יא) אל תשקצו את נפשותיכם, הרי הודיע כי כל אלו הדברים נתעבים ונמאסים ועושין דם רע מוכן לכמה פורעניות.

והנה אם כן כשאמרו (נדה עא א) שצריך אדם לקדש עצמו בשעת תשמיש, הנה גם המזון כלול בקדוש הזה כי ראוי לאדם לאכול מזונות ראוים והגונים ממוצעים בין הקור והחום, ויהיו מן הדברים המולידים דם נקי וזך וטהור מאחר שאותו הדם עתיד להיות נהפך לטפת הזרע והוא עתיד להיות יסוד ובנין לולד הנולד מאותו חבור, כי אלו היה המזון רע ועכור ועב תהיה גם הטפה עבה מטונפת ועכורה. ואם כן נמצא המזון [הנלקח טרם החבור הוא סבה] (להויית האדם הכנה) להיות [הולד] חכם או פתי או צדיק או רשע.

והנני מוסר בידך מפתח גדול. דע כי בהיות הדבר כמו שאנו אומרים, סמך השם יתברך בתורתו הקדושה פרשת אשה כי תזריע למאכלות אסורות ואמר (ויקרא יא) ולהבדיל בין הטמא ובין הטהור ובין החיה הנאכלת ובין החיה אשר לא תאכל, וסמיך ליה אשה כי תזריע, וסמך מצד אחר פרשת נגעים. ואלו הג׳ פרשיות לסודות נפלאים. ופרשה כי תזריע באמצע להודיע שאם יבדל אדם מן המאכלות הרעים הויין לו בנים הגונים קדושים וטהורים, ואם לאו הרי נגעים מתחדשים עליהם מצד טפת הזרע שהיתה מאותן

אוכם ולא חוור לא טפש ולא ארוך ולא גוץ, כי כל אלו המדות הוות באדם בהיות מזגו בין קור לחום, שזהו סוד בין צפון לדרום וזהו סוד בנים זכרים שאמרנו.

אבל מה שאמרו אין אשתו מפלת נפלים, יש בענין זה עיקר גמור. והנני פותח לך שערי אורה. בזה כבר ידעת מה שאז״ל (יומא פב ב) בענין ההיא עוברה שהריחה ביוה״כ לחישו לה ולחיש, שזהו בין צפון לדרום, קרא עליה (ירמיה א) בטרם אצרך בבטן ידעתיך וההיא עוברה דלחישו לה ולא לחיש, שזה נוטה לפאת דרום, קרא עליה (תהלים נח) זורו רשעים מרחם. וידוע כי סבת המפלת נפלים היא בהתעורר הרחם לאחד הקצוות, אם לרעב אם לתאוה מפלת, אם לחום אם לקור. כי בהיות הרחם ממוצע לעולם לא תפיל, כאשר הפלס בעין משפט שלא יטו המאזנים לאחת הצדדין, ואם כן הלחישו לה ולא לחיש נוטה מן הקצה האמצעי והוא קרוב להיות נפל אם לא יאכילהו מדבר שהריח. ואם תאמר הנה גם אם הצדיק הריחה. אף על פי שהריחה הנה חזרה לפלס האמצעי, [אבל אם הוא רשע שהריחה לא חזרה לפלס האמצעי, אמנם נטתה לקצה הבהמיות שבה ולא יכלה להתאפק בקצה האמצעי].

א״כ בין והתבונן בזמן שראוי לו לאדם לשמש ותזכה לבנים ראוים להוראה. והנה כללנו (בדרך) [בפרק] הזה ג׳ זמנים לעונה, מצד הימים ומצד המזון ומצד השעות:

פרק ד

הדרך השלישי—המזון הראוי לחבור.

דע כי כפי מזון כל דבר, כן יהיה הגוף הניזון. ובדרך המחקר ידוע כי החיה שהמור נמשך ממנה מאכלה אלסנבל.

והנה הש״י שכל דרכיו משפט צוה לשחוט בהמות למאכלנו, ומה לו לזה והלא טוב להיותנו נזונים במיני פירות ומגדים, ומה לו להפקיר דם בהמות וחיות ולצערם צער גדול. דע כי אלו הם מוסדות עולם שהש״י מטיב לכל בריה והוא מרחם על בריותיו. ועל זה נאמר (תהלים קמה) טוב י״י לכל ורחמיו על כל מעשיו. הודיע בפסוק זה כי שחיטת בעלי חיים ואכילתן על ידי בני אדם לטובת בעלי חיים היא, וחמלה ורחמים עליהם. והנני מבאר. ידוע כי כל מזון שאדם אוכל הוא הולך באסטומכא, ומשם יורד למעים העליונים, ומשם הכבד מוצץ הטוב והמובחר והשמן והזך והנקי שבאותו מזון, והשאר דוחה אותו למעים האחרונים ויוצא דרך הרעי. ואותו הדבר שהכבד מוצץ, חוזר ומבשלו ומחזירו דם, ומנקה אותו ומשלחו ללב, והלב משלחו לכל האברים, וחוזר בכל אבר ואבר ממין האבר בבישול שלישי, וחוזר בבשר בשר, ובשומן שומן, ובגידים גידים, ובעצמות עצמות, כי ממנו הגוף נזון. ואם כן נמצאת בהמה זו שנשחטה, לטובתה

ודע כי המזון שאדם נזון בו צריך שלשה מיני שנויים ולמדרגה הד׳ נהפך לזרע או לדם לבן מפרנס את הגוף. ואילו ישמש האדם מטתו סמוך לאכילה, הנה באותו זמן טבע הגוף רותח והדם עכור מעורב ואינו זך וצלול, והנה אותה הטפה הנמשכת מעליו עכורה ומלוכלכת, סרוחה ומטונפת, אינה נקיה ולא טהורה. ונמצא הולד מאותה טפה מיסוד עכור ומטונף, עליו נאמר (תהלים ז) הרה עמל וילד שקר, ואומר (שם נח) זורו רשעים מרחם, לפי שמטבע מזג הטפה שאינה זכה מחייב להיות הנוצר ממנה משוקץ ומטונף. לפיכך צריך האדם לכוין שעת החבור בשעה שנפשו מיושבת עליו ושקט טבע הגוף מרתיחת המזון שאכל ונזדקק הדם וירדו השמרים למקומם הטבעי, ואז יסודות גוף האדם יהיו מסודרות בסדר נכון שהוא סמוך לחצי הלילה האחרון.

ועל זה אז״ל במסכת ברכות (ה ב) אבא בנימין אומר כל ימי הייתי מצטער על שני דברים על מטתי שתהא נתונה בין צפון לדרום וכו׳, ואמרי ר׳ יצחק הנותן מטתו בין צפון לדרום הויין לו בנים זכרים שנאמר (שם יז) וצפונך תמלא בטנם ישבעו בנים והניחו יתרם לעולליהם. רב נחמן בר יצחק אמר אף אשתו אינה מפלת נפלים, כתיב הכא תמצא בטנם וכתיב התם (בראשית כה) וימלאו ימיה ללדת וגו׳. וצריך אני לעוררך על המדה הזו, ידוע שאין פתי או סכל בעולם סובר כי מפני נתינת המטה בין צפון לדרום זוכה אדם להיות לו בנים זכרים ושלא תהא אשתו מפלת נפלים, כ״ש שיאמרו עמודי עולם אנשים חכמים ונבונים כאלו הדברים. אמנם כי הם דברו הדברים נרמזים כמנהגם הטוב בכל מקום. והנני מבאר. ידוע כי הקור החזק הוא לפאת צפון והחום החזק לפאת דרום. וחכמי האמת יודעים כי הרחקת האדם אל הקצוות אינו מדין הטוב והישר, אבל המדות הבינוניות הם המובחרות. ועל זה אמר שלמה ע״ה (קהלת ז) אל תהי צדיק הרבה ואל תתחכם יותר אל תרשע הרבה ואל תהי סכל. לפי שצפון ודרום הם שני הפכים לחום ולקור, הסתירו רבותנו ז״ל דבריהם ורמזום, ואמרו כי המשמש מטתו בהיות מזג גופו ממוצע בין החום ובין הקור אז יוכלו טבעיו לנוח ולא יזריע מהרה, אבל יוכל לבעול במתון, ואז האשה מקדמת להזריע תחלה, ונמצא זרע האשה כדמיון החומר, וכי יבא אחר כך זרע האיש נמצא כדמיון היוצר שמצייר צורה בחומר, וזהו סוד אשה כי תזריע שילדה זכר וזהו סוד שארז״ל (נדה לא) בשכר שמשהין הצדיקים על בטן האשה הויין להו בנים זכרים שנאמר (תהלים קכז) הנה נחלת ה׳ בנים שכר פרי הבטן. ובהיותך מבין כל זה, תבין סוד הנותן מטתו בין צפון לדרום הויין לו בנים זכרים. נמצא זה בחצי הלילה שכבר שקט הגוף מרתיחת טבע המזון שאכל ומזג הגוף צח ונקי. ומה שאמרו חז״ל בין צפון לדרום, רצה לומר בין הקור לחום.

ידוע כי כל איש שנולד מטפה קרה יהיה לעולם פתי וסכל [ומשולח] ומי שנולד מטפה חמה יהיה בעל חמה וכעס [ונקלה], אבל הנולד מטפה ממוצעת בין החום והקור יהיה לעולם חכם יקר רוח איש תבונה ויהיה בדעותיו מעורב עם הבריות, ועל זה נאמר (שמואל א׳ א׳) ונתתה לאמתך זרע אנשים, ומה שדרשו ז״ל בגמרא ברכות (לא ב) לא

פרק ג

הדרך השני—בזמן החבור

הנה הש״י אמר בתורה (שמות כא) שארה כסותה ועונתה לא יגרע. ועונה האמורה בתורה מפורשת בגמרא (כתובות סא ב) כי העונות משתנות כפי סדר כל בני אדם. ועכשיו נניח לדבר בעונת שאר בני אדם ונדבר בעונת ת״ח הראוי, שהוא מלילי שבת ללילי שבת. ועל זה אמרו (כתובות סב ב) אשר פריו יתן בעתו גו׳, זו היא עונת ת״ח.

ודע כי זרע האדם הוא חיי גופו ומאור זהרו כי הוא הדם המובחר והזך אשר בגוף, שאילו לא היה כן לא היתה צורת אדם בו. הנה הזרע הוא מחלקי הגוף ויש לו חלק מכל אבר ואבר, כי בידוע שלא יולד אזן מעין ולא עין מאזן, רק כל אבר נמשך מטבע אבר דומה לו, כמו שלא יצמח מזרע החטה פולין ועדשים לא מזרע אדם חמור או שור או שה. וכל אבר ואבר וכל צורה וצורה יש לו טבע מיוחד וכח ידוע שממנו נולד, ואין לחוש לסומא שמוליד פקח כי כח האבר מצוי בטבע הכללי שבגוף וא״כ הזרע הוא חלק מכל אבר ואבר מאברי הגוף.

ולכן אין ראוי לאדם להיות מצוי אצל אשתו כתרנגול כי אז היה כחו תשש ומאור עיניו מתמעט וכל חלקי איבריו הולכים ודלים. אבל בהיות החבור בעונה הידועה שהיא מליל שבת לליל שבת, שהוא סוד החזרת הגלגלים פנים ואחור בשבעת ימי השבוע, אז יוכל להשפיע כח בזולתו והוא לא יחסר דבר שיהיה נחלש (עליו) [ממנו] חולשת נראית, לפי שכבר קבל כח שיוכל להשפיע ממנו. ולפיכך אמר (תהלים א, ג) אשר פריו יתן בעתו, והיינו מליל שבת לליל שבת. וסמיך ליה ועלהו לא יבול, כלומר והיה החבור לשם שמים ויבא לידי גמר מעשה.

וטעם היותו מליל שבת לליל שבת, לפי שהשבת הוא יסוד עולם והוא דוגמת עולם הנפשות מטעם שבת לה׳. וכוונו חכמים בעונת ת״ח מליל שבת לליל שבת [כונתם לנפש השכלית] להוליד צורה הראויה לעבודת הבורא יתברך בעלת נשמה שכלית עליונה וטהורה כאמרו (שמות לא) וביום השביעי שבת וינפש. והנה זאת הכונה בעונת ת״ח. והבן מאד, כי לא שמו עונתן בימי הגופנים דהיינו ששת ימי המעשה כי אם ביום שכולו שבת ועולם הנפשות. [והבן וייטב לך. כדאיתא בספר ר׳ נחוניא בן הקנה (ע׳ ב״ר פ׳ יא) שבת קרא תגר לפני הש״י רבונו של עולם לכל נתת זוג ולי לא נתת זוג. אמר ליה בתי כנסת ישראל תהיה זוגך].

ואחר אשר עוררנוך על זה, נחזור למה שהיתה כוונתנו [לבארו] (לסדרו), ונאמר כי זמן החבור נחלק לג׳ חלקים, החלק הא׳ זמן עונה בימים. החלק השני, זמן עונה מצד המזון. החלק הג׳, זמן עונה מצד השעות. אמנם החלק הא׳ כבר בארנוהו בפרק זה.

והחלק השני מן הג׳ חלקים שהוא זמן העונה מצד המזון תצטרך לדעת בעז״ה.

פרץ וזרח. והבן כי כצורת סדרי עולם נולדו, ואין בחבור שלהם גנאי כאשר אין גנאי בתיקון סדרי עולם כללם ופרטם. ובענין רות נאמר (רות ד) ויתן ה׳ לה הריון וגו׳ ואלו היה בדבר גנות הרי כבר נאמר (חבקוק א׳) והבט אל עמל לא אוכל וכתיב שם טהור עינים מראות ברע.

[וא״כ נמצאו דברי היוני הבליעל הבלים בטלים מצד אחד. והוא] כשיהיה החבור לשם שמים אין דבר קדוש ונקי למעלה הימנו. ולפיכך נאמר בחבור הצדיקים (ירמיה א) בטרם אצרך בבטן ידעתיך, הנה ייחס צורת הצדיק אל הבורא ית׳ כאילו הוא מצייר טפת הזרע הנמשכת מן הצדיק, ואמר בטרם אצרך בבטן. אבל ברשע הפריץ אותה הטפה כולה טמאה אין לשם ית׳ חלק בה, ועליה נאמר (תהלים נח) זורו רשעים מרחם. [הבן זה, שהם זרים ונכרים ואינם חלק הש״י].

[והנה כל הדברים שאמרנו הם בסוד מערכת סדרי עולם ובנינו ודוגמת זכרים ונקבות בסוד משפיע ומקבל השפע]. והנה חבור האדם אל אשתו כראוי פי׳ ז״ל שהיא כדמיון שמים וארץ שנאמר (זכריה יב) נאם ה׳ נוטה שמים ויוסד ארץ ויוצר רוח אדם בקרבו, ואומר (עמוס ט) ואגודתו על ארץ יסדה, והם אגודה אחת לברוא אדם וזה [סוד] נעשה אדם בצלמנו, כלומר גם אני שותף בבריאת האדם, והשותפות הזו, כי מן האב והאם נמשכין כל סדרי הגוף והש״י זורק בו נשמה, כאמרו (בראשית ב) ויפח באפיו נשמת חיים, ואומרו (קהלת יב) וישוב העפר על הארץ כשהיה והרוח תשוב אל אלקים אשר נתנה [לכן אתם בעלי עיניים, ראו אם יש גנות בדבר שהש״י שותף בו. אם כן נמצא חבור האדם לאשתו כשהוא כראוי שהוא סוד בנין העולם וישובו, כי האדם נעשה שותף להקב״ה במעשה בראשית].

[והנה סוד זה שאמרנו בזמן שהאדם מתחבר לאשתו בקדושה ובטהרה שכינה ביניהם בסוד איש ואשה, וזה הוא סוד בטרם אצרך בבטן ידעתיך וסוד קדש לי כל בכור פטר כל רחם, ומה שאמרו נתחממו שכינה מסתלקת מביניהם בסוד אש ואש והוא סוד זורו רשעים מרחם, והבן זה מאד].

ואחר שהודענוך על סוד הדרך האחד מן החבור, נודיעך הדרך השני והוא הפך הראשון, כי בזמן שאין אדם מתכוין לשם שמים הנה אותו הזרע הנמשך היא טפה סרוחה, אין לשם ית׳ חלק בה, ונקרא משחית דרכו על הארץ, והנה גופו כלה לבהלה, וכאילו נוטע אשרה ומפטם עגלים לע״א, בהיותו זרע מקולקל וטפה שלא נזרקה בה נשמה רק כסלון ממאיר ועליו נאמר (תהלים נח) זורו רשעים מרחם. והנה צוה הקב״ה בתורה ואמר והייתם לי קדושים כי קדוש אני. [ועוד אבאר זה בפרקים הבאים].

והנה סוד הידיעה שאני רומז לך הוא סוד היות האדם כלול בסוד חכמה ותבונה ודעת, כי האדם הוא סוד החכמה והאשה סוד התבונה והחבור הטהור הוא סוד הדעת. וזהו סוד איש ואשה בסוד דרכי הקבלה הפנימית. וא״כ ענין החבור הזה ענין עילוי גדול כשיהיה כפי הראוי.

[והסוד הגדול הזה סוד גדול בכרובים שהיו מעורים זה בזה דמיון זכר ונקבה. ואילו היה הדבר גנאי לא היה מצוה רבונו של עולם לעשות ככה ולשום אותם במקום היותר קדוש וטהור שבכל הישוב, אלא שהוא על סוד עמוק מאד. ושמור הסוד הזה ואל תגלהו לשום אדם אלא אם כן הוא הגון וראוי לו, כי מכאן נראה סוד עלוי החבור הראוי. וזהו סוד בנין שלמה שכתוב (מלכים א, ז, לו) כמער איש ולויות, איש המעורה בלויות שלו, ועל זה אמר דוד המלך ע״ה (תהלים סט, כא) חרפה שברה לבי ואנושה, אמרו רז״ל (מדרש איכא פתיחתא ט) כשהרגישו עמונים ואמרו ראו אלהיהם של אלו עושה כזו וחירפו וגידפו בענין הכרובים. ואם תבין סוד הכרובים ממה שנאמר והקול נשמע מביניהם, תדע מה ש]אמרו חז״ל בשעה שאדם מתחבר עם אשתו בקדושה ובטהרה שכינה שרויה ביניהם. נתחממו שכינה מסתלקת מביניהם וישאר אש ואש. כדגרסינן בסוטה (יז א) היה דורש ר״ע איש ואשה זכו שכינה ביניהם, לא זכו אש אוכלתם. פי׳ כשהאדם מתחבר לאשתו בקדושה שכינה ביניהם, תמצא בשם האיש יו״ד ובשם האשה ה׳ הרי זה שמו של הקב״ה מצוי ביניהם. אבל אם לא נתכוונו לחבור קדושה אלא למלאות תאותם ומתוך התאוה והחמוד נתחממו כאש, יו״ד של שם האיש וה׳ של שם האשה שהוא י״ה מסתלק מביניהם ונשאר אש ואש. [והבן זה כי בכאן יש כל הסוד].

ואל זה הסוד נתכוונו ז״ל באמרם (נדה לא א) ג׳ שותפין יש בו באדם, ואלו הן איש ואשה והקב״ה [ואמרו בגמ׳ קידושין (ל ב) בזמן שאדם מכבד את אביו ואמו הקב״ה אומר מעלה אני עליהם כאילו דרתי ביניהם וכבדוני]. ואם היה הדבר גנאי היאך היו כוללים את השי״ת בדבר שהוא כך. והנה השי״ת אמר לאברהם בענין מולד יצחק (בראשית יז) וברכתי אותה וגם נתתי ממנה לך בן, ובענין רבקה (שם כה) ויעתר יצחק לה׳ לנכח אשתו, ובענין רחל ולאה (שם כט) ויפתח את רחמה, ובענין אלקנה (ש״א א׳ יט) וידע אלקנה את חנה אשתו ויזכרה ה׳. והנה בכלל הברכות (שמות כג) לא תהיה משכלה ועקרה. ועוד גרסינן בתענית (ב א, ב ב) שלש מפתחות לא נמסרו ביד שליח ואחד מהן ההריון שנאמר ויפתח את רחמה וגו׳. ואלו היה בדבר גנאי, מה לו להקב״ה לעשותו בלי שליח.

ובב״ר (פ״ה ח) בענין (בראשית לח) ויט אליה אל הדרך, בקש יהודה לעבור, רמז הקב״ה למלאך הממונה על התאוה ובא להודיע כי כוונת הש״י וחפצו היתה בחבור זה. ולפיכך נולדו שניהם תאומים שניהם צדיקים שניהם טהורים, כדוגמת שמש וירח,

פרק ב

הדרך הראשון—במהות החבור

דע כי חבור זה הוא ענין קדוש ונקי כשיהיה הדבר כפי מה שראוי ובזמן הראוי ובכוונה הנכונה. ואל יחשוב אדם כי בחבור הראוי יש גנאי וכיעור ח"ו. שהחבור הראוי נקרא ידיעה, ולא לחנם נקרא כך כאמור (ש"א א) וידע אלקנה את חנה אשתו. וזהו סוד טפת הזרע כשהיא נמשכת ממקום הקדושה ובטהרה נמשכת הדעה [והחכמה] והבינה והוא המוח. ודע שאלו לא היה בדבר קדושה גדולה לא היו קוראין אל החבור ידיעה.

[ואין הדבר כאשר חשב הרב המורה ז"ל במורה הנבוכים בהיותו משבח לארסט"ו על מה שאמר כי חוש המשוש הוא חרפה לנו. חלילה, אין הדבר כמו שאמר היוני, לפי שדעתו היוני יש שמץ מינות שאינו מורגש, שאלו היה מאמין שהעולם מחודש בכוונה לא היה אומר כך זה היוני הבליעל. אבל כל בעלי התורה מאמינים שהשם] (והשי"ת) ברא את הכל כפי מה שגזרה חכמתו, ולא ברא דבר שיהיה גנאי או כיעור, שאם יאמר שהחבור הוא דבר של גנאי, הנה כלי המשגל הם כלי הגנות, והרי השי"ת בראם במאמרו דכתיב (דברים לב) הוא עשך ויכוננך ואז"ל במסכת חולין (נו ב) שברא הקב"ה כונניות באדם. ובמדרש קהלת (ב, יב) אמרו אשר כבר עשוהו מלמד שהוא ובית דינו נמנו על כל אבר ואבר והושיבוהו על כנו. ואם כלי המשגל גנאי, היאך ברא הש"י דבר שיש בו משום חסרון או גנות חלילה, אלא פעולותיו של הקב"ה תמימות שנאמר (שם לב) הצור תמים פעלו. [ואומר וירא אלקים את כל אשר עשה והנה טוב מאד].

אבל הענין הוא כמו שהש"י הוא טהור עינים מראות ברע (חבקוק א, יג) אין לפניו קלקול או גנאי והוא ברא איש ואשה וברא כל אבר ואבר שבהם והכינם על מתכונתם ולא ברא בהם דבר גנאי. והעדות הברורה מה שאמר במעשה בראשית (בראשית ב) ויהיו שניהם ערומים האדם ואשתו ולא יתבוששו, כל זה קודם שחטאו לפי שהיו עסוקין במושכלות וכל כונתם לשמים, ולא היו בעיניהם אלא כעינים ושאר אברי הגוף. אמנם כשנטו אחר ההנאות הגופניות ולא נתכוונו לשם שמים, אמר וידעו כי ערומים הם, ופי' כאשר הידים בעת שכותבין ס"ת בטהרה הם מכובדות ומשובחות וכשגונבות או עושות דבר מגונה הם מגונות, כך הם כלי המשגל לאדם ולאשתו קודם שחטאו. וכמו שיש בכל אבר ואבר מהאברים מהלל ושבח בעשות הטוב וגנאי בעשות הרע, כך היה לאדם הראשון בכלי המשגל. נמצא כי הקב"ה הוא כל דרכיו משפט וטהרה ונקיות, ונמצא הכעור כלו מצד פעולת האדם. על זה אמר שלמה המע"ה (קהלת ז) לבד ראה זה מצאתי אשר עשה האלקים את האדם ישר והמה בקשו חשבונות, כלומר אין בכל אברי האדם מצד הבריאה דבר קלקול או כיעור כי הכל בחכמה עליונית דבר מתוקן וטוב ונאה, אבל האדם בהיות סכל מביא כיעור בדברים שאין בהם כיעור מתחלה. והבן זה מאוד.

כלומר הבדלתי לי להיות מיוחד לכבודי כאמרו (ויקרא כ) ואבדיל אתכם מן העמים להיות לי. וכבר ידעת כי העבדים הנהגתם כפי מה שהם רואים בהנהגת אדוניהם, והוא יתברך שהוא אדוננו ואנחנו עבדיו הנה הוא קדוש שאין קדוש כמותו, וצוה לנו להיותנו קדושים כאשר הוא קדוש. ופי' רבותינו ז"ל (ספרי שם, סוטה יד א) בפסוק (דברים כח) והלכת בדרכיו מה הוא קדוש אף אתה היה קדוש מה הוא חנון אף אתה היה חנון. וא"כ נמצאו כל ישראל הנהגותיהם מיוחסת על יחוד השם הגדול יתברך, לפיכך מתדמין אליו בכל מעשיהן והוא יתברך אמר (ויקרא יא, מד) והתקדשתם והייתם קדושים כי קדוש אני ה'. ומאחר שכל מעשינו כדמיון מעשה השם יתברך נמצא שכל זמן שאנו עושין הטוב והישר, שאנו מקדשין שמו הגדול כאמרו (דברים ד) ומי גוי גדול אשר לו חקים ומשפטים צדיקים, לפי שאנו מתדמים לבוראנו יתברך. וכל זמן שלא נתנהג כשורה (וכל מעשינו) [ונעשה מעשים] מקולקלים, אנו מחללין בהם שם שמים, אחר שאנו מתדמים לו והנה מעשינו מכוערים. ועל זה אמרו במסכת יומא (פו א) בזמן שאדם קורא ושונה ומשאו ומתנו באמונה עליו הכתוב אומר (ישעיה מט) ויאמר לי עבדי אתה ישראל אשר בך אתפאר, אבל בזמן שאדם קורא ושונה ואין משאו ומתנו באמונה מה בני אדם אומרים עליו ראיתם פלוני כמה מקולקלין דרכיו ומעשיו ועליו הכתוב אומר (יחזקאל לו) עם ה' אלה ומארצו יצאו ונמצא שם שמים מתחלל. והטעם על כל זה שאמרנו כי מאחר שאנו מתדמין לו במעשינו הנה קדושת השם וחלולו תלוי במעשינו.

ואחר שהודענוך כל זה, דע כי בהיות החומר של אדם וטבעו סבת היותו רע או טוב מצד תכונת המזג כפי הטפה שנתהווה ממנה, ונמצא חיבורו סבת קדושת השם או חלולו כפי הבנים שיוליד, צוה אותנו על זה והזהירנו ואמר כי נצטרך לקדש עצמנו בשעת תשמיש כאשר באה הקבלה בפסוק (ויקרא טו) והזרתם את בני ישראל מטומאתם, ומפני שזו היא סבה להוליד אדם בנים צדיקים מקדשים שם שמים [או רשעים מחללים שם שמים].

ואחר שהדבר כן, תצטרך לדעת מה שאמרנו כי צריך האדם לקדש עצמו בשעת תשמיש. וקדושה זו נחלקת לחמשה חלקים. הדרך הראשון, במהות החבור. הדרך השני, בזמן החבור. הדרך השלישי, במזון הראוי לחבור. הדרך הרביעי, בכונת החבור. הדרך החמישי, באיכות החיבור.

והנני נכנס לבאר הדברים בענין שיספיק לפי (הכוונה) [כונתך]. [ואביא] כל אחד [בפרק] המיוחד לו.

אגרת הקודש לרמב״ן

אגרת הקודש [ששלח הרמב״ן ז״ל לאחד החברים בענין חבור האדם אל אשתו]

פתיחה

[יברכך ה׳ וישמרך. אחי בהיותך זריז ומהיר לחקור על הדרכים אשר מהם תדע ידיעת יראת ה׳ יתברך, ותוכל ללכת בדרכי האמת ובדרך האורה המאירה, אל מול פני המנורה יאירו, כדי שתנצל מדרך האפלה המכשלת את העורים אשר לא ראו פני המאורות המזהירות, הנה בקשת ממני אחי להורות לך הדרך שבה יוכל האדם לעשות צרכיו ויהיו כולם לשם שמים בענין חבור האדם אל אשתו, כדי לזכות לבנים בעלי הוראה ראוים לקבל את עול מלכות שמים. ובראותי מחשבותיך שהלכת על דרך האמת, אני אראה לך שערי צדק בענין שתשיג הכוונה בתורת השם יתעלה הנאמנה. וכדי שתשיג בקשתך מהם, אסדר לך דברים פרקים מסודרים. ואקדים לך הקדמות בזה הפרק].

פרק א

דע כי בהיות אומת ישראל מיוחדת להקב״ה והבדילה בתורתו הקדושה מכל האומות כאשר הוא יתברך נבדל מכל מה שזולתו, כאומרו יתברך (ישעיה מג) עם זו יצרתי לי ואמר במקום אחר (ישעיהו מב כד) ה׳ (אחד) [זו חטאנו לו] לגזרה שוה. וזה שאנו אומרים אתה אחד ושמך אחד ומי כעמך ישראל גוי אחד ואחר כך אמר יצרתי לי